Ibiza
Formentera

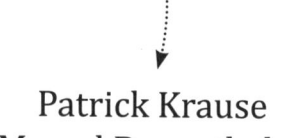

Patrick Krause
Marcel Brunnthaler

Inhalt

Das Beste zu Beginn

Ibiza selbst entdecken

Wer nach Ibiza fährt, um nur Party zu machen, ist selber schuld – weil man vom Rest der facettenreichsten aller Balearen-Inseln so kaum etwas mitbekommt. Besser sich Blumen ins Haar stecken, Sarong oder Wanderschuhe einpacken, 56 offizielle Buchten genießen – und wenn's ans Feiern geht, in die Chill-outs einkehren.

›Schinkenstraße‹ à la Ibiza

Ibiza ist bunt und umarmt alle vom Hippie bis zum Schicki. Unter den hängenden Schinken in der Bar Costa in **Santa Gertrudis** sind alle gleich. Ideal auch im Winter, da wärmt man sich drinnen am gemütlichen Feuer und an Bildern, mit denen Künstler ihren Deckel bezahlt haben.

Wo die Mauren mauerten

Einer der schönsten Orte der Insel ist die maurische Wasseranlage Es Broll im Inselinneren. Sie dient immer noch als Wasserspeicher und ›befruchtet‹ die gesamte Umgebung, was man schon an den vielen Orangen- und Zitronenbäumen ringsum sieht. Mitten im Wald, totenruhig, magisch.

Meine liebsten Zuckerwürfel

Das Kuben-Arrangement **Balàfia** liegt an der ›Restaurant Road‹ EI-300. Wenn geheiratet wurde oder sich Nachwuchs einstellte, kam einfach ein Würfelchen hinzu, fertig war die Bauhaus-Vorlage. Und danach hat man an der Straße die Qual der Wahl aus ibizenkischer und internationaler Küche.

Ibiza mittendrin statt nur davor?

Mal unter kundigen Einheimischen-Augen die eigene *cesta* (Ibizas Tasche für alles) flechten, töpfern oder Hippie-Mode häkeln? Das und vieles andere mehr kann man bei Workshops im **L'atelier no 74** in Santa Gertrudis ausprobieren. Anmeldung unter www.latelier-ibiza.numero74.com.

Go West for Sunset!

Wer nicht ohnehin gen Westen am Strand liegt, packt zur Dämmerung flott die Sachen und ›strömt‹ mit vielen anderen zu einem Chill-out, um Mutter Sonne zuzugucken, wie sie das Wasser küsst. Dafür gibt es synchrone DJ-Dramaturgie, Applaus vom Publikum und nicht selten spontane Partys. Unter uns: Im **Café del Mar** herrscht Selfie-Alarm, und was das ›Pfeiferauchen‹ angeht – direkt gegenüber, etwa im **Kumharas** oder an der **Cala Comte,** kommen Sie viel eher auf Ihre Kosten …

Nackt im Wind

Wenn es um unbeschwerten Lässig-Urlaub geht, ist **Formentera** die Steigerung von Ibiza. Statt Club, Aktivurlaub oder Sehenswürdigkeiten abzuklappern einfach von morgens bis abends an einem der Chiringuito genannten Beachbars abhängen, ab und zu ins karibische Wasser der **Platja de Migjorn** hüpfen und mit dem Motorroller durch die Gegend brettern, nichts müssen, nichts brauchen – das ist kein Urlaub, das sind Ferien!

Ibiza ist …

die Keimzelle von *la vida loca,* zuletzt ausführlich in der Mystery-Serie »White Lines« dokumentiert. Sich auf Parties verlieren, irgendwo aufwachen und weiterfeiern geht immer gut, wenn man rechtzeitig den Absprung schafft …

… so viel mehr als nur Party

Jens Rosteck erzählt in »Mein Ibiza. Eine Lebensreise« (mare) die bisweilen surrealen Geschichten der Insel und vermittelt Einblicke in ihre vielen Parallelwelten. Genießen Sie dieses Potpourri atmosphärischer Momentaufnahmen am besten vor Ort.

Auch wenn Ibiza sich selbst treu bleibt – die Insel erfindet sich regelmäßig neu. Daher: Alle Adressen am besten vorher online prüfen und bei Veränderungen gern Bescheid geben.

Fragen? Erfahrungen? Ideen?

Wir freuen uns auf Post.

@ Unser Postfach bei DuMont:
brunnthaler@dumontreise.de

Das ist Ibiza

Schon im Anflug auf Ibiza (80 % aller Gäste kommen mit dem Flugzeug) wird Ihnen vermutlich beim Blick durch die Fenster klar: Das ist jetzt nicht Mallorca. Statt des Gebirges und der weiten, flachen Ebene der ›größeren‹ (lat. *major)* Insel liegt da unten im Meer ein überschaubares Eiland voller Hügel, mit Tausenden weißer Pünktchen darin: die typischen kubischen Gebäude, wegen der Ibiza auch ›weiße Insel‹ genannt wird. Plötzlich wuchtet sich entlang des Ufers eine braune Ringfestung auf – Eivissas Oberstadt, die Dalt Vila. Der Flieger macht eine Drehung, unten liegen nun mal pinke, mal weiße Felder – die Salzseen, die der Insel ersten Wohlstand bescherten – und noch über dem Wasser setzt er, leicht *scary,* eiskalt zur Landung auf. Der Flughafen wirkt so provinziell wie der von Mallorca vor 40 Jahren. Fährt man auf die Hauptstadt zu, leuchtet grell und frech die Außenwerbung für das Ushuaïa und das Hard Rock Hotel am Partystrand Platja d'en Bossa herüber – na dann gute Nacht, zum Schlafen wohnt man da nicht. Die bunt angezogenen Mitflieger verlieren sich bald auf den Landstraßen, vielleicht geht's auch für Sie durchs Stockfinstere und jede Menge Schlaglöcher dorthin, wo man nichts mehr erwartet, zu einer Finca oder einem Agroturismo. Und dann ist man mit Ibiza allein. Kaum steigt Pinienduft oder der Geschmack von Wein, Aioli oder frischen Kräutern in die Nase, ist man angekommen und möchte sich gleich in seiner Teilzeit-Heimat umschauen.

Vier ›Kartons‹ und eine kleine Schwester

Ibiza ist alles andere als monothematisch. Die Insel wurde nach ihrer Rückeroberung durch die Christen (Reconquista) im Jahr 1235 in vier Viertel *(cuartons,* von der gleichen Quelle kommt das Wort ›Karton‹) eingeteilt, die praktischerweise heute noch den Rahmen der vier großen Gemeinden bilden: Sant Antoni de Portmany, Sant Joan de Labritja, Sant Josep de sa Talaia und Santa Eulària des Riu – plus die Hauptstadt Eivissa und die kleinere Nachbarinsel Formentera. Je nachdem, wo man gelandet ist, dominiert in jedem ›Karton‹ ein spezieller Reiz. Ganz grob gesagt: Die Gemeinde **Sant Josep de sa Talaïa** im Süden (da sind Sie mit dem Flugzeug gelandet) ist die bevorzugte Heimat der Strand-*kioscos:* Büdchen, die mittlerweile zu Restaurants ausgewachsen sind. Im Westen um **Sant Antoni de Portmany** muss man sich ein wenig von grölenden britischen Feierbiestern wegorientieren, die Strandlandschaften drumherum bieten aber schnell wohltuenden Ausgleich. Im Inselnorden um **Sant Joan de Labritja** herrscht wesentlich mehr ›Ruhe im Karton‹. Hier ist die Natur noch am meisten sich selbst überlassen, Fincas und Hippies prägen die Szenerie, tiefer Frieden breitet sich über die Ebene und die weitläufigen Täler. Im Unterschied zum uralten, bei Familien und insbesondere Deutschen beliebten Städtchen **Santa Eulària des Ríu** mit seinen Traumstränden entlang der Ostküste und der Hauptstadt **Eivissa,** wo sich Touristen, Angeber und Ableger die Knöpfe abtreten: die Touristen, die der großen alten Dame ›Dalt Vila‹ einen Besuch abstatten, die Poser, die sich gegenüber an der Chichi-Meile **Botafoch** teuren Schampus bestellen,

Schwer im Kommen: Eivissas ehemaliges Fischerviertel Sa Penya

und alle, die im Hafen auf die nächste Fähre nach **Formentera** warten. Diese
›kleine Schwester Ibizas‹ muss man sich wiederum wie die alte Hippie-Insel
Ibiza der 1970er-/1980er-Jahre vorstellen: Alles Glück dieser Welt passt
plötzlich in eine Sporttasche, auf dem Roller zwischen die Beine geklemmt.
Luft, Liebe und Weltweisheiten zum Abendbier gibt's gratis.

Wo bin ich hier gelandet?

Vielleicht liegt es an den zahlreichen Kulturen, die im Laufe der letzten
drei Jahrtausende über Ibiza hinweggerutscht sind, dass Ibiza ein unfass-
bar liberales Klima aufweist: Griechen, Karthager, Römer, Mauren, ach ja,
Spanier respektive Katalanen. Weiter ging's mit Touris, Hippies, Homos oder
sonstwas, egal: Du bist immer herzlich willkommen – und bei längerem Auf-
enthalt nicht nur geduldet, sondern wirst selbst Teil der Gesellschaft. Ibizas
ungeschriebenes Gesetz lautet: »Du kannst tun, was du möchtest, solange
du auch andere tun lässt, was sie wollen – und es niemandem schadet.«
Das hat die Insel auch geformt, als um 1930 die ersten britischen Touristen
noch mit Handschlag am Hafen begrüßt wurden, oder als man die vor Fran-
co Flüchtenden schützend aufnahm, die Hippies gesellschaftlichen Zwängen
entkamen, auf welche wiederum die Party- und Techno-Freunde folgten.
Wie sagt doch der wohlhabende Single Will in Nick Hornbys Roman »About
a Boy«: »Wenn wirklich jeder Mensch eine Insel ist, dann will ich Ibiza sein.«
Sagen wir mal so: Langfristige Aussteiger und sehr kurzfristig in Großdis-
kotheken zappelnde Techno-Freunde, die sich den Namen ihres Hotels
zur Sicherheit mit Edding auf den Arm notieren, bilden die beiden Pole,
zwischen denen man auf Ibiza sehr viel Schönes erleben kann. Auf jeden
Fall wird es abwechslungsreich, egal wo Sie gelandet sind!

Ibiza in Zahlen

0

Verkehrsampeln gibt es sage und schreibe auf Formentera.

4

Inselorte werden von der UNESCO zum Welterbe gezählt: Eivissas Festungsstadt Dalt Vila, die karthagische Nekropole Es Puig des Molins, die Siedlung Sa Caleta und das Naturschutzgebiet Ses Salines mit den größten Seegraswiesen des Mittelmeers.

5

Campingplätze und einen Golfplatz gibt es auf der Insel.

12

Weintrauben isst man in der Silvesternacht – je eine zu jedem Glockenschlag. Das bringt Glück fürs neue Jahr.

17

Kräuter der Insel stecken in dem ibizenkischen Anislikör Hierbas. Mindestens.

20

Prozent aller Bewohner sind Ausländer, drei Prozent von ihnen Deutsche.

56

Buchten verzeichnet Ibiza offiziell.

5 von 25

In den weltweiten Club-Charts des »DJ Mag« tauchen in den Top 25 immer die Ibiza-Clubs Hï, Ushuaïa, Pacha, Amnesia und DC-10 auf.

54

Prozent aller englischen Clubbesucher auf Ibiza probieren laut Statistik dort Drogen aus (Mallorca 14 Prozent).

82

(mas o menos) Meilen beträgt die kürzeste Distanz zum afrikanischen und spanischen Festland.

210

Küstenkilometer lässt hinter sich, wer die Insel komplett umrundet. Zu Fuß geht das in rund zwölf Tagen.

572

Quadratkilometer beträgt die Fläche von Ibiza (Formentera 82,5 Quadratkilometer), rund ein Fünftel der Größe Mallorcas.

154 000

Menschen wohnen dauerhaft auf Ibiza und Formentera.

700

Schlangen etwa werden in jeder Vorsaison auf Ibiza gefangen, um die heimischen Eidechsen vor dem Aussterben zu retten.

1600

Sneakers von Nike besitzt der Chef des Plattenladens Ibiza Delta Discos in Elvissa: die größte Sammlung Europas. Joan de Deltas wertvollstes Paar wurde von Rapper Kanye West entworfen, hat mal 285 € gekostet und wird nun auf 118 000 € geschätzt.

1 600 000

Touristen besuchen Ibiza im Schnitt pro Jahr, die meisten vom spanischen Festland. Knapp dahinter liegen die Briten, gefolgt von den Italienern und den Deutschen.

14 000

Menschen können sich gleichzeitig in der größten Megadisco der Welt vergnügen, dem Privilege.

300

Sonnentage verwöhnen Ibiza und Formentera jedes Jahr.

So schmeckt Ibiza

Eine grobe *sobrasada*-Paprikawurst zum An-schneiden, Oliven, Knoblauch und Kräuter, Wein zum ›Eingetopften‹ von Fisch und Fleisch – das könnte dem Ibizenker so schmecken. Dank der zahlreichen Zuwanderer kommen dann noch Einflüsse aus aller Herren Länder um die Ecke, die im MediterrAsian Style ihre wahren Cosmo-Köche finden und auf der ganzen Linie prickelnde Gaumenfreuden spenden.

Ein typisch ibizenkisches Essen beginnt mit ungefragt aufgetischten Oliven (meist in Thymian eingelegt), *allioli* und Brot. Im nächsten Gang wird ein deftiger Fleisch- oder Fischeintopf serviert, gefolgt von einem süßen *flaó* aus Ei und Schafskäse, der stark mit Anis und frischer Minze gewürzt wird, oder *greixonera*, einem leckerem Puddingkuchen, der aus *ensaïmades,* dem schmalzigen Trockengebäck, hergestellt wird. Um das alles hervorragend zu überstehen, schenkt der stolze Gastgeber dann noch einen *frígola* (Thymianlikör) aus, aber meistens *hierbas*, den typischen Ibiza-Likör. Tortillas, Paellas und Fischgerichte aller Art gibt es ebenso wie ›Italiener‹ und ›Japaner‹.

Das kommt mir asiatisch vor
Die neueste Küche ist der leichtere MediterrAsian Style, wie er in Beach-clubs und hippen Restaurants wie in der Cala Jondal, an der Platja de Ses Salines, im Nobu Restaurant oder im Bambuddha präsentiert wird – etwa Ceviche (roher marinierter Weißfisch) mit Mais, Passions- und Drachenfrucht sowie Orange-Campari-Kandis auf einem Blutorange-Tigermilch-Koriander-Dressing. Noch Fragen?

Ja, und wohin jetzt?
Gut essen kann man auf der ganzen Insel, aber an der **Restaurant Road** (▶ S. 88) entlang und im nahen Restaurant-Dorf Santa Gertrudis ›erfährt‹ man sich das ganze kulinarische Programm Ibizas.

Tapas, die kleinen ›Schweinereien‹
Ibizas Küche gibt's auch in der Nuss-schale respektive im Tonschälchen als *tapas* (›Deckel‹), die in Bars serviert

---

DAS IST TYPISCH!

arròs de matances: Schlachtplatte auf Reis, meistens mit Schwein oder auch Lamm und Gemüse
arròs a la marinera: ibizenkische Paella-Variante mit Meeresfrüchten
borrida de rajada: Fischgericht aus Rochen, Kartoffeln, Fischsud, Mandelsoße, Knoblauch und einem Schuss Pastis oder Absinth
caldereta de Llagosta: Langustensuppe

empanades: mit Fleisch, Fisch oder Erbsen gefüllte Teigtaschen
guisat de peix: Fischeintopf aus der Pfanne
peix sec: luftgetrockneter Stockfisch, wie er sich manchmal in Salaten findet
sofrit pagès: herzhafter, safrangelber ›Bauerneintopf‹ aus Lamm und Huhn mit Kartoffeln, Zwiebeln, Paprika, Bohnen und Knoblauch

Kulinarischer Klassiker zum Einstieg: Brot, Allioli und gewürzte Oliven

werden: Fisch, Fleisch, Kartoffeln, Gemüse im Mix – alle möglichen Variationen zaubert Muttern da aus der Küche. Dazu eine *copa* (›Glas‹) Wein oder Bier, das macht glücklich! Gängig ist etwa *pa amb tomate* (Brot, das mit Öl, Tomate und Knoblauch eingerieben wird), darauf luftgetrockneter *pernil serrà* oder sogar *pernil ibèric*, der von schwarzen Schweinen stammende Schinken, oder auch *sardines*.

Unbedingt probieren: Hierbas
Ibizas *hierbas* (span. ›Kräuter‹) ist vollkommen anders als seine süßlichen Kollegen vom Festland. Während diese eher in die zitronige Limoncello-Richtung tendieren, ziehen viele Gastgeber ihren Likör aus den Kräutern der Insel selbst und stellen ihn oft stolz mit der

Rechnung auf den Tisch. Er soll gesund sein und sogar Liebeskummer heilen!

Gefundene Fressen
Wir sind keine Freunde von Aussagen wie »Die beste Pizza der Stadt«, das erledigen andere. Die beste Paella Ibizas wird aber laut Eigenaussage jeden Sonntag in der Garage des **Santa Gertrudis** im gleichnamigen Ort zubereitet, auch zum Mitnehmen. Schwer damit konkurriert die Paella im **Pou des Lleo** in gleichnamiger Bucht. Toni im **C'an Cosmi** in Santa Agnès serviert die beste Tortilla der Insel. Das legendäre **El Bigote** in der Cala Mastella bietet täglich in zwei Schichten zuerst eine Fischplatte und dann einen *bullit de peix* für alle an (keine Widerrede) – unbedingt reservieren, sonst ergeht es Ihnen wie dem spanischen König, der wieder nach Hause geschickt wurde!

Á la Ibiza
Ibiza zuhause nachkochen? Nichts leichter als das. Da empfehlen wir »Ibiza Land and Sea« von Françoise Pialoux (Abrams Books) vom Restaurant Les Terrasses, die den Geschmack Ibizas kulinarisch und dekorativ in die Küche bringt, oder »Ibiza Cooking« von Anne Sijmonsbergen, die im El Portalon in Eivissa kocht (Harper Collins).

P
PREISE

So viel kostet in etwa ein Hauptgericht oder Menü:
€   unter 22 Euro
€€   22 bis 30 Euro
€€€   über 30 Euro

Ihr Ibiza-Kompass

#2
Schillernde Club-
Legenden – **Privilege
und Pacha**

#3
Salzige Erlebnisse –
Ses Salines

KU(LT)

MEDITIEREN
MIT FLAMINGOS

#1
Die ›Alte‹ hat viel zu
erzählen – **Eivissas
Dalt Vila**

Herauskatapultiert
aus dem
Hauptstadt-Hurrikan

WOMIT FANGE ICH AN?

1 2 3

Lass' dich fallen,
Lucía!

15 14 13 12

#15
Lichter am Ende
der Welt – **Far de
la Mola und Far
de la Barbaria**

LIFE
IS A
BEACH

ARCHITEKTUR
OHNE
ARCHITEKT

Decade of
Decadence

#14
Süßes Leben in
Klein-Karibien –
Platja de Migjorn

#13
Wehrdorf wird
Weltarchitektur –
Balàfia

#12
Ab durch die
Weltküchen – **die
Restaurant Road**

 # 4

Magische Orte – **Sa Caleta, Cala d'Hort und Es Verdrà**

 # 5

Ibizas Bergwelt – **Tagesausflug zum Sa Talaïa de Sant Josep**

 # 6

Soundtrack für den Sonnenuntergang – **Café del Mar**

 # 7

Folge dem Ruf der Natur – **Plá de Corona**

 # 8

Wasser predigen, Wein trinken – **rund um Sant Mateu**

 # 9

Orgien und Mysterien mitten im Wald – **Es Cuieram**

 # 11

Die Akropolis von Santa Eulària des Ríu – **Puig de Missa**

 # 10

Wochentreff und Insel-Institution – **der Hippiemarkt**

magnetisch

Rendezvous
mit der Ginsterkatze

»ICH WEISS AUCH NICHT, WAS GLEICH PASSIERT«

Ganz schön bizarr!

ÖKO VON GESTERN

GROSSES KOPFKINO

Ganz in Weiß

Los Peluts
Die Langhaarigen

4 5 6 7 8 9 10 11

Eivissa und Umgebung

Der Namensvetterin der Insel sollte man unbedingt
einen Besuch abstatten, selbst wenn der Urlaub
mehr Strand und Meer gewidmet ist. Und sei es, um
eine aktuelle Tageszeitung aus der Heimat an Ibizas
Paradeplatz bei einem lecker' Eis zu lesen – oder
zu beobachten, wie noch vom Alltag unentspannte
Durchreisende versuchen, im letzten Moment eine
Formentera-Fähre zu erwischen. Außerdem gibt es für den Studiosus-Ur-
lauber einen ganzen ›Haufen‹ Altstadt, und Amüsierwillige sind dankbar,
dass Bars und einige Tanztempel ohne Auto angesteuert werden können.

Eivissa 🗺 F 6

Eigentlich heißen Stadt und Insel seit der Katalanisierung Eivissa. Unter anderem den Touristen zuliebe bleibt der Name bei der 50 000-Einwohner-Hauptstadt angesiedelt. Phönizier, Griechen, Römer, Mauren, Katalanen, englische, deutsche, italienische Touristen: Fremde Kulturen prägen seit jeher das Bild. Eivissas Besucher werden nicht enttäuscht: Direkt am Hafen liegt die quirlige Altstadt, hinter den dicken Mauern von Europas besterhaltener Festung die Oberstadt Dalt Vila. Wer sich etwas Zeit nimmt, erlebt zwischen Boulevards, den Skelettgräbern vom Puig des Molins und gentrifizierten Drogenvierteln jede Menge Abwechslung.

....
WAS TUN IN EIVISSA?
....

Kampfschlendern
Eivissas **Dalt Vila** (**1** – **6** ▶ S. 21), die das Stadtbild prägende, UNESCO-gekrönte Oberstadt, ist über jeden Zweifel erhaben, dass sich ein Besuch nicht lohnen würde. Sie ist mit Ausnahme der Bars, Läden und Restaurants an der Plaça de Vila und der Plaça del Sol eine Art Freilichtmuseum und durch dicke Festungsmauern isoliert von der übrigen Stadt. Außerhalb des Festungsrings empfehlen sich die erst 1936 zufällig gefundenen **Punischen Grabkammern** **11**, die westlich von der Dalt Vila einen ganzen Hügel überziehen, den **Puig des Molins** (›Mühlenberg‹). Hier stehen tatsächlich noch vier Mühlen wie zu Don Quichotes Zeiten, wenige von vielen, die dort oben bis ins 15. Jh. hinein im Wind ihre Runden drehten. Die karthagischen Grabstätten liegen unterhalb davon und bilden mit einer Fläche von ungefähr 50 000 m² und rund 3500 Grabkammern den größten Karthager-Friedhof der damaligen Welt – und ein gewichtiges Argument, Ibiza in das Weltkulturerbe aufzunehmen.

Bevor man in den gespenstischen Gräbern der Totenstadt herumstiefelt und sich von Plastik-Skeletten erschrecken lässt, ist das noch recht neue, schon von der Architektur her großartige anliegende **Monografische Museum** ein idealer Einstieg. Es gehört zum Archäologischen Museum in der Dalt Vila (▶ S. 21) und besitzt die wohl umfangreichste Sammlung punischer Funde im Mittelmeerraum, etwa aller Tanit-Figuren auf Ibiza – jener punischen Fruchtbarkeitsgöttin, die überall auf alternativen Ibiza-Flaggen flattert. So sind auch die Tanits aus der Höhle Es Cuieram im Norden ausgestellt, wo manche Hippies sie bis heute verehren. Außerdem vermittelt das Museum einen interessanten Überblick über den Umgang nachfolgender Ibiza-Kulturen mit dem Tod.

Via Romana, 31, T 971 30 17 71, www.maef. es, April–Sept. Di–So 10–14, 18–20, Okt.–März Di–Sa 9–15, So jeweils 10–14 Uhr, Mo und Fei geschl., Eintritt in die Hypogäen 3 €

Lebendige Kunstszene: in der Altstadt …
Die Macher des **Museu d'Art Contemporani d'Eivissa** **7** (MACE) rücken das lebendige Kunstschaffen auf der Insel in den Fokus, mit Ausstellungsplakaten

P PARKEN

Ein riesiger Stadtparkplatz befindet sich hinter der Häuserfront gegenüber dem Ablegehafen (ausgeschildert). Kurzparken ist an den mit Parkautomaten versehenen Stellen möglich (max. 2 Std., Abschlepper sind schnell zur Stelle). Die Gebühren zum Kurzzeitparken liegen im Cent-Bereich! Zum Registrieren muss man das Nummernschild angeben. Wer etwas zu spät zurückkehrt, hat bis zu einer Stunde nach Ablauf die Chance, mit dem AD-Knopf am Automaten an Ort und Stelle eine geringe Strafgebühr zu zahlen. Danach wird es teuer!

Putzt sich bei Festen gern heraus: Eivissas Oberstadt, die Dalt Vila

aus den Sechzigern oder Ausstellungen etwa über Künstlerenklave Grupo Ibiza 59. Ein Teil des Museums ist das nicht weit entfernte Apartment des deutschen Ibiza-59-Gründers Erwin Broner, der auf Ibiza rund 50 Häuser im Bauhaus-Stil entwarf. Außerdem werden archäologische Fundamente der Kulturen zurück bis 600 v. Chr. eindrucksvoll aufgeschichtet (das Urgebäude stammt aus dem 18. Jh.).

Carrer Ronda Narcís Puget, am Baluard de Sant Joan, www.mace.eivissa.es, April–Juni, Sept. Di–So 10–14 und Di–Fr 17–20, Juli/Aug. Di–So 10–14 und Di–Fr 18–21, Okt.–März Di–Fr 10–16.30, Sa, So 10–14 Uhr, Mo und Fei geschl.

Gut zu Fuß?

Dann besuchen Sie Erwin Broner doch zu Hause, in der **Casa Broner** 8 . Hereinspaziert in die privaten Gemächer des Münchners, der Harmonie im modernen Bauhaus-Stil zelebriert. Alle Möbel hat der kleine ›deutsche Corbusier‹, der 1934 vor den Nazis nach Ibiza floh, für das Haus selbst hergestellt, auch die Kunstwerke stammen von ihm.

Museo Casa Broner, Sa Penya, Carreró de l'Estrella, 3 (Carrer de la Mare de Déu hinauf, nach der Principe Boutique rechts), Di–So 10–14, Di–Fr auch 17–20 Uhr, Eintritt frei

Einmal ganz herum

Wer es gerne etwas sportlicher angehen möchte, kann die gesamte Dalt Vila auf der **Festungsmauer** umrunden – dabei bieten sich wunderschöne Blicke über den Hafen, etwa vom **Baluard de Santa Tecla** 9 . Sowohl vom **Baluard de Sant Bernat** als auch vom **Baluard de Sant Jordi** sieht man die Platja d'en Bossa, die Salinen und Formentera. Auf dem **Baluard de Sant Jaume** 10 sind Kanonen aufgestellt, sodass man ein Gefühl dafür bekommt, wie es hier früher zuging. Der noch tiefer liegende **Baluard de Sant Pere** wird für Ausstellungen genutzt. Nicht wundern: Zwischen dem Baluard de Sant Pere und dem Baluard de Santa Llúcia verläuft auf der Mauer eine Autostraße.

SCHLEMMEN, SHOPPEN, SCHLAFEN

 In fremden Betten

Unter uns: In Eivissas Altstadt kann man mal für eine Nacht oder auf der Hochzeitsreise übernachten. Die wenigen Hotels sind recht klassisch,

EIVISSA

Sehenswert
1. Plaça de la Catedral
2. Castell Almudaina
3. S. María de les Neus
4. Museu Arqueológic
5. Carrer Pere Tur
6. Capilla de S. Ciriac
7. Museu d'Art Contemporani
8. Casa Broner
9. Baluard de Santa Tecla
10. Baluard de Sant Jaume
11. Punische Grabkammern

In fremden Betten
1. La Torre del Canónigo
2. Los Molinos
3. Urban Spaces Ibiza
4. Hostal marblau
5. Hotel Cenit

Satt & glücklich
1. Ca N'Alfredo
2. El Olivo Mio
3. La Plaza
4. Sa Vida
5. Fruteria
6. Taller Sa Penya
7. Petit Salon de Té
8. Locals Only
9. Maison Le Vrai
10. Madagascar
11. La Brasa
12. Bar Palco
13. The Standard Ibiza
14. Los Valencianos
15. Café Mar y Sol

Stöbern & entdecken
1. Lovy Ibiza
2. Annie's
3. Holala
4. Divina
5. Vila Vins
6. Can Mureno
7. DC-10
8. Ushuaïa Official Store
9. Pachá Merchandising
10. Natura Ibiza

Wenn die Nacht beginnt
1. Teatro Pereyra
2. Vermuteria Casa Lucas
3. Born
4. La Taberna del Parque
5. Sidreria Poma
6. Bebel

traditionell, ja, hochromantisch – aber nicht so direkt zum Urlauben gedacht. Nicht nur wegen der Preise, auch weil die Hotels nicht mit Strand und Sand in Verbindung zu bringen sind. Hier residiert man in der historischen Altstadt, liegt in luxuriösen Zimmern und genießt einen Lebensstil, wie man ihn in einer Großstadt, aber eben nicht in einem Badeort vorfindet.

Hier lässt man's krachen
La Torre del Canónigo 1
Der ›Kanonenturm‹ ist ein aus dem 14. Jh. stammendes Designhotel mit acht Zimmern und zwei Apartments weit oberhalb der Stadt. Man hat das Hotelambiente um einen Pool und eine Chill-Area erweitert, von der aus Sie Eivissa in seinem vollen Glanz genießen. Im hauseigenen Restaurant Kyupiddo japanische Fusion-Küche.
Carrer Mayor, 8, T 971 30 38 84, www.latorre delcanonigo.com, April–Dez., €€–€€€

Zum Durchatmen
Los Molinos 2
Die Fenster auf und dann dieser Blick: Bewährt und renoviert liegt das Hotel in idealer Lage auf dem Mühlenhügel. Die schönsten Zimmer richten sich natürlich zum Meer hin aus und bieten einen direkten Blick darauf. Ein großer Pool unter Bäumen verleiht dem Hotel einen mondänen Touch. Inklusive Heizung, Sauna und Fitnessraum.
Carrer Ramón Muntaner, 60, T 971 30 22 50, www.thbhotels.com, ganzjährig, €€

Kunst im Schlafzimmer
Urban Spaces Ibiza **3**
Jedes Zimmer des hippen Boutique-hotels gleich am Monografischen Museum ist von einem Street-Art-Maler gestaltet worden – manchmal anstrengend, aber die weichen Betten sorgen für guten Schlaf.

Via Púnica, 32, T 971 57 75 98, www.hotelmania.net, €€

Überblick
Hostal marblau **4**
›Blau‹ heißt auch auf Katalanisch ›blau‹: 500 m vom Zentrum versteckt hinter einer alten Mühle liegt Ibizas originales Post-Bauhaus-Hostal mit unbezahlba-rem Blick über Stadt und Meer: Das einfache, aber frisch renovierte Famili-enhotel mit langer Tradition hoch oben über der Stadt hat 28 Zimmer, davon zehn Apartments mit Blick auf die Platja d'en Bossa.

Los Molinos, Puig des Molins, T 971 30 12 84, www.marblauibiza.com, im Winter geschl., €

Hier ist oben
Hotel Cenit **5**
Nomen est omen, könnte man sagen – oder: besser geht's nicht. Das 1959 mit Bauhaus-Touch erbaute Hotel auf dem Puig des Molins mit Infinitypool und Mobiliar im reduzierten Bauhausstil bietet eine grandiose Aussicht – sowohl auf die See als auch auf das lockende Nachtleben zu Füßen der Unterkunft.

Carrer Archiduque Luís Salvador, s/n, T 971 30 40 93, im Winter geschl., €–€€

WOLKENALARM

Da spanische Städte in der Sommerhitze nun einmal sehr anstrengend
sind, empfiehlt es sich, Eivissa an
dem berühmten bewölkten Tag
einen Besuch abzustatten. Die kleine
Pause vom Urlaub und den kurzen
Abstecher zurück in die Zivilisation
muss man nicht unbedingt mit voller
Ladung Kultur verbringen. Es lohnt
sich genauso, auf dem **Passeig de
Vara de Rey** das pralle Leben zu
genießen – vielleicht ergänzt durch
einen Drink auf der aussichtsreichen
Dachterrasse des neuen **The Standard Ibiza** ⑬ (Carrer de Bartomeu
Vicent Ramon, 9) – und durch das
alte Fischerviertel **Sa Penya** zu
schlendern. Die dortige **Calle de la
Virgen** (offiziell Carrer de la Mare de
Déu) ist fest in der Hand der LGBTQI-
A+-Szene. Am Ende der Gasse bietet
die kleine **Plaça de sa Riba** einen
genialen Blick auf Hafen, Festung
und Formentera. Gleich um die Ecke
gibt es bei **Los Valencianos** ⑭
(Plaça Antoni Riquer, 5) das beste Eis
weit und breit, und das **Café Mar y
Sol** ⑮ (Avinguda Ramon i Tur, Ecke
Carrer Lluis Tur i Palau) ist perfekt
für alle, die lieber sehen als gesehen
zu werden.

 Satt & glücklich

Altbewährt
Ca N'Alfredo ①
Das älteste Restaurant der Insel zählt
nach wie vor zu den besten. Gegründet
wurde es 1934 vom deutschen Flücht-
ling Alfred, aber keine Angst: Es gibt
Ibiza-Küche statt Sauerkraut, und zwar
unverfälscht nach alten Rezepten und
auf höchstem Niveau.
Passeig de Vara de Rey, 16, T 971 31 12 74,
www.canalfredo.com, €€

Französisch
El Olivo Mio ②
Gastronomin Rita Sachs hat sich nach
dem Aus in Talamanca (▶ S. 36) dieses
traditionsreiche Restaurant in der
Dalt Vila zugelegt. Auf die bunten Tische
kommt feine Mittelmeerküche.
Plaça de Vila, 9, T 971 30 06 80, www.elolivo
ibiza.com, April–Okt., €€

Elegant
La Plaza ③
Der Argentinier Marcelo und seine
brasilianische Frau Veronica haben das
Lokal 2016 von einem deutschen Paar
übernommen. Auf die fein eingedeckten
Tische kommt eine gehobene Küche.
Alles andere als abgehoben sind die
Preise des elegantesten Lokals am Platz.
Dalt Vila, Plaça de Vila, 18, www.laplazaibiza.
com, €–€€

So einfach kann das Leben sein
Sa Vida ④
Raffinierte, leidenschaftliche Küche zum
kleinen Preis – kein Wunder, dass die
Bude von Chefkoch Anatoli Goranov
und Sommelier Angel Ruiz zu jeder
Tageszeit gut besucht ist.
Carrer del Bisbe Carrasco, 14, T 663 37 68
21, €€

V wie Vegan
Fruteria im Es Tap Nou ⑤
Essen wie in heimischen urbanen Bla-
sen? Säfte und Smoothies gibt's frisch
gepresst in der Fruteria im Es Tap Nou,
dem wohl besten und preiswertesten

Die ›Alte‹ hat viel zu erzählen – **Eivissas Dalt Vila**

Eivissas Weltkulturerbe Dalt Vila, die historische Oberstadt, ist eine der besterhaltenen und größten Festungsanlagen im Mittelmeerraum und gewährt lebendige Einblicke in 2000 Jahre Kultur- und Inselgeschichte.

Fast wie ein Schneckenhaus entwindet sich die Dalt Vila dem prallen Leben ›downtown‹, was optisch vor allem am doppelten Festungsring liegt, in den sich die mittelalterlichen Häuser pressen. Doppelt? Ja, netterweise hat man in der Renaissance beschlossen, auch das sprichwörtliche ›niedere‹ Volk vor Piraten und Eroberern zu schützen. Besonders imposant ist dieses gigantische Freilichtmuseum ganz oben auf der **Plaça de la Catedral 1**. Hier stehen Sie gleichzeitig auf dem Kopf Ibizas und knietief in 2000 Jahren Geschichte. Das Renaissance-Fort **Castell Almudaina 2** ruht auf dem Fundament der punischen Akropolis respektive eines maurischen Palastes – je nachdem, wer gerade herrschte, machte der das Vorgänger-Gebäude platt. Die Kathedrale **Santa María de les Neus 3** steht entsprechend auf gleichem Grund und Boden wie ihre geweihten Vorgänger: der Tempel der Karthager, der römische Merkurtempel und die Moschee der Mauren.

Überragend: Kirchturm der Kathedrale Santa María de les Neus

›Souvenirs‹ aus nahezu allen Epochen Ibizas sieht man im **Museu Arqueológic d'Eivissa 4**. Die Schatzkammer ›begeht‹ man teilweise innerhalb der oberen Stadtmauer und findet alle Fundstücke von den Phöniziern über die Römer und Araber bis zur Renaissance vor. Ebenfalls in der Oberstadt befand sich früher Ibizas Universitat (Carrer Major 2): Hier wurde der Ertrag der Salzernte verwaltet, der der Insel erstmalig zu Wohlstand verhalf. Wer nicht in den Salinen arbeitete, zahlte eine entsprechende Abgabe. Und dann ist da noch das (weniger überlaufene) Touristenzentrum in der ehemaligen Kurie, das Sie bei Bedarf mit einem Audioguide (▶ S. 23) versorgt.

Irgendwann eröffnet im Gebäude des **Castell Almudaina** das erste Parador-Hotel der Balearen. Das Ganze verzögert sich seit Jahren durch immer neue archäologische Funde. Sobald es fertig ist, findet man es auf www.parador.es.

En passant ...

Keine Angst, Sie verlieren hier nie den Überblick: Überall in der Dalt Vila klären Wegschilder in verschiedenen Sprachen (einfach umklappen) über die jeweilige Lage und historische Bedeutsamkeit an Ort und Stelle auf.

Das gute Gefühl, hier oben ganz Ibiza im Griff zu haben, teilen Sie sich mit den Einwohnern, die 1806 an der gleichen Stelle live beobachteten, wie ihr Volksheld, der Korsar Antonio Riquer Arabí, direkt vor ihren Augen ein englisches Schiff, das zehnmal größer als sein eigenes gewesen sein soll, im Hafen absaufen ließ. Heute schweift der pazifistisch gemäßigte Blick weiter über die moderne Hafenmeile Marina Botafoch gegenüber und auch ins Inselinnere. Der große rötliche Kasten weit gegenüber am Berghang ist übrigens die Diskothek **Privilege** (▶ S. 32)

Ibizas alte Wohlstandsmeile

Herunter gelangen Sie am besten durch den **Carrer de Pere Tur** 5, denn hier flanieren Sie an vier Jahrhunderten Architektur entlang. Die wohlhabenden Familien Ibizas haben prächtige Häuser hinterlassen, besonders das Gebäude der Familie Fajarnés-Cardona im Neo-Kolonialstil vom Anfang des 20. Jh. (gegenüber der Casa Consistorial, heute Kulturzentrum) sowie die Nr. 1 (Casa Montero, 17. Jh.), Nr. 5 (Casa Mariano Tur, 18. Jh.), Nr. 6 (Casa Vedova, 17. Jh.), Nr. 7 (Casa Llobet, 19. Jh.) und an der Ecke Carrer Sant Carles die Casa Tuells-Wallis aus dem 19. Jh. Vielleicht gelingt es Ihnen, irgendwo hineinzulugen und kleine Innenhöfe, Springbrunnen und Treppenaufgänge zu entdecken.

Klösterliche Ruhe im Hauptstadt-Hurrikan

Die Dalt Vila ist im Ganzen spektakulär, aber von Highlights nicht gesäumt. Mit kleinen Ausnahmen: Auf der Verlängerung des Carrer Major, etwas unterhalb des **Museo Puget,** liegt ein zurückgesetztes Kapellchen in der Häuserfront, die **Capilla de Sant Ciriac** 6 (der Schutzpatron der Insel). An dieser Stelle soll 1235 bei der Reconquista der erste Soldat in die maurisch regierte

N
NAHKAUF

Ein besonders nahe gehendes Erlebnis ist der Kauf von selbst gebackenem Kuchen neben der Sant-Ciriac-Kapelle im **Convent de Sant Cristòfol.** Die Nonnen, die auf Ihr Klingeln hin hinter dem Tresen erscheinen, haben nur dann Kontakt zur Außenwelt: zu Ihnen.

Große Kunst in alten Mauern: Eivissas Museum für Moderne Kunst, das MACE

Stadt eingedrungen sein. Durch einen Quertunnel kamen sie dann hereingeströmt, durch diesen können Sie den Weg nach unten abkürzen. Dann entgeht Ihnen allerdings der schöne Blick vom Platz der Inselverwaltung, der **Plaça d'Espanya.** Der erschließt sich alternativ auf halber Höhe von den unteren Stadtmauern.

Neue Kunst in alten Mauern

Die tiefere Wehrmauer der Dalt Vila aus dem 16. Jh. hat insgesamt sieben Bollwerke *(baluard).* Wer den Festungsring umrunden will, hat sich etwas recht Sportliches vorgenommen. Aber die besten Blicke über die Stadt hat man ohnehin nach vorne, am **Baluard de Santa Llúcia,** wo oft stimmungsvolle Events wie DJ-Partys mit Hafenblick geboten werden. Die Baluards Sant Jordi und Sant Bernat können mit tollem Formentera-Blick aufwarten.

Auf jeden Fall sollten Sie einmal das **Museu d'Art Contemporani d'Eivissa** 7 (MACE) sowie nördlich der Altstadt die **Casa Broner** 8 checken, die sich um die lebendige Kunstszene Ibizas verdient machen.

Weiter unten, auf der lebendigen **Plaça de Vila,** tauchen Sie unweigerlich aus der Geschichtsnostalgie wieder ins bunte Treiben der Shops und Restaurants ein. Dort spuckt Sie das **Portal de ses Taules** automatisch aus der Dalt Vila in die untere Altstadt.

INFOS/ÖFFNUNGSZEITEN
Audioguide (70 Min., auch in Deutsch), erhältlich an der Touristeninformation oben an der Plaça de la Catedral oder unten im Carrer del Comte de Rosselló.
Museu Arqueológic d'Eivissa 4: Plaça de la Catedral, im Sommer Di–Sa 10–14, 18–20, So 10–14, im Winter Di–Sa 9–15, So 10–14 Uhr, Erw. 2,40 €, erm. 1,20 €, Kinder unter 18 J. frei
Museu d'Art Contemporani d'Eivissa 7:
▶ S. 16
Casa Broner 8:
▶ S. 17

KULINARISCHES FÜR ZWISCHENDRIN
La Plaza 3:
▶ S. 20

An der Plaça d'Espanya herrscht in der Saison immer buntestes Treiben.

PLAÇA-HOPPING

Während das Nachtleben an Sa Penyas Hafenpromenade eher trashig ist, kann man sich rund um die **Plaça del Parc** einen bunten Abend machen. Im Foodie-Bermuda-Dreieck zwischen dem **Teatro Pereyra** 🄳 und der lauschigen **Sidrería Poma** 🄵 können Sie essen und trinken wie zuhause: im preislich moderaten Restaurant **Locals Only** 🄷 etwa im Ambiente eines Berliner Hipster-Cafés (Plaça del Parc, 5, www.localsonlyibiza.com, €–€€) oder französisch im **Maison Le Vrai** 🄹, das Gourmet-Streetfood anbietet (Carrer de Miquel Caietàno Soler, 9, €€–€€€). Leckere Cocktails gibt es im **Madagascar** 🄺 (Carrer des Caló d'en Reial, 4, €), und sehr romantisch isst man im wunderschönen Gartenrestaurant **La Brasa** 🄻 (Carrer de Pere Sala, 3, www.labrasaibiza.com, €€–€€€). Frühstücken geht an der Plaça etwa in der lockeren **Bar Palco** 🄼 (Carrer des Caló d'en Reial, 2, €).

Vegetarier der Stadt. Alle Veganer findet man auf www.ibizavegan.com.
Carrer de Madrid, 18, www.estapnou.es, €

Im Problemviertel
Taller Sa Penya 🄶
Das vielleicht spannendste Restaurant der Insel versteckt sich in einem weitestgehend sich selbst überlassenen Teil von Sa Penya, das immer wieder wegen Drogenkriminalität und Hausbesetzern Schlagzeilen macht. Boris Buono, der in Kopenhagen in dem über viele Jahre besten Restaurant der Welt (Noma) gekocht hat, perfektioniert hier eine Fusion aus Scandi und Ibizenk.
Carrer Alt, 2, T 628 85 46 54, www.ibzfood studio.com, €€€

Tea in the Sahara
Petit Salon de Té »Queriendo-TE« 🄷
Tee, bei der Hitze? Ja bitte! Dieser Laden ist außergewöhnlich vom Namen (will wohl so etwas wie ›Dich wollend‹ bedeuten) über das überbordende Angebot zum Kaufen und Trinken bis zum Kuchen und dem ebenfalls speziellen Betreiber Felix.
Carrer d'Antonio Guash Juan, 2, T 971 30 71 02, Mo–Sa 10.30–1, 17–20.30 Uhr, €–€€

🛍 Stöbern & entdecken

Klamotten
Schicke Handtaschen und Lederacces-
soires bekommt man bei lokalen
Labels wie **Lovy Ibiza** (Plaça de
Vila, 2). Verschiedene Boutiquen,
Schuh- und Bekleidungsläden versam-
meln sich rund um die Flaniermeile
Passeig de Vara de Rey. Mode zum
Ausgehen wird z. B. in der auch bei
Promis beliebten Boutique **Annie's** 2
(Carrer de la Santa Creu, 5) und in
der Vintage-Glam-Boutique **Holala** 3
(Plaça Mercat Vell, 12) geboten. Hier
wie auch im **Divina** 4 (Plaça de Vila,
17) findet man außerdem die berüch-
tigte Adlib-Mode der Siebziger – weiß
wehende Rüschen-Klamotten, Espran-
dilles etc. Zwischen dem Carrer de
Lluís Tur i Palau am Wasser und dem
Carrer d'Annibal, links und rechts vom
Carrer Guillem de Montgri, verliert
man sich dann im Shopping-Bermuda-
Dreieck der Indie-Boutiquen.

Typische Souvenirs
An entsprechenden Läden mangelt es
wahrlich nicht in Eivissas Ober- und
Unterstadt, da kann man sich einfach
treiben lassen. Wer auf der Suche nach
Hochprozentigem ist, etwa nach dem
heiß geliebten und kalt getrunkenen *hierbas,* sollte bei **Vila Vins** 5 vorbeischauen
(Carrer del Diputat Josep Ribas, 5, gegenüber der Fähre nach Formentera, Mo–Sa
9–21, im Winter bis 19 Uhr).

Bevor die Tüten zu schwer werden
Hierbas, Ibiza-Salz, Weine oder auch
Merchandising-Produkte der großen
Diskotheken-Labels wie Pacha oder
Ushuaïa gibt es auch am Flughafen.

Angelhaken vergessen?
Can Murenu 6
Nautik-Shop von 1920 (sozusagen
Vintage in echt), in dem der Betreiber
manchmal auch Gitarre spielt. Sonst
findet man alles zum handwerklichen
Strandbedarf vom Angelhaken bis zu
überdimensionalen Muscheln, dann

E EINBLICKE

Wie muss man sich das mittelalter-
liche Leben in Eivissa vorstellen, mit
seinen Bürgern, seinen Herrschern,
seinen Ängsten vor Pest und Piraten?
So wie in der **Szenischen Nacht-
führung,** die unter die Haut geht
und von Schauspielern in historischen
Kostümen immer wieder unter einem
zeitgenössischen Liebesdrama ›unter-
brochen‹ wird (auf Català, Spanisch
und Englisch): immer Sa 21 Uhr, Treffpunkt am alten Markt vor dem Portal
de ses Taules, Plaza de la Constitució
(T 971 39 92 32, www.guiasibiza.es,
bis zu 20 Pers., Erw. 10 €, Kinder und
Jugendliche erm., Gruppen bis zu vier
Pers. 25 €).

aber auch Sandalen, Liköre, alles, was
eben so in die *cesta* (Ibiza-typische
geflochtene Tasche) passt ... den Rest
an echten Outdoor-Utensilien zum
Fischen, Tauchen und Jagen gibt's dann
bei **Armería Balanzat,** ebenfalls am
Passeig de Vara de Rey, 19.
Passeig de Vara de Rey, 5, T 971 30 19 30

Club-Tickets und Merchandising
**DC-10, Pacha, Ushuaïa Official
Stores**
Das gibt es wohl nur auf Ibiza: Club-
Tickets direkt am Geldautomaten!
Sonst gibt es Tickets wie auch Tanz-Ohr-
würmer, Logo-Taschen und Klamotten
von den einschlägigen Merchandising-
Shops.
7 **DC-10:** Passeig Vara del Rey
8 **Ushuaïa Official Store:** Av. de Bartomeu de
Roselló, 18
9 **Pachà Merchandising:** Carrer Bisbe
Cardona I Tur, 1

Souvenirs ohne »from Ibiza«
Natura Ibiza 10
Wenn man etwas wirklich Besonderes für zu Hause finden will, dann
mit hoher Wahrscheinlichkeit in dem

geräumigsten Laden an der Plaça del Parc – die Ernte könnte allerdings größer ausfallen, denn neben liebevollen Accessoires, Kleidung und Kitchenware gibt es jede Menge Interior-Einrichtungsideen …

Av. Parque, 7, www.naturaselection.com, tgl. 9–14 und 15–18, Fr 9–15 Uhr

---

☀ Wenn die Nacht beginnt

Der ideale Abend beginnt an der **Plaça del Parc,** möglicherweise im Stehen vor der **Vermuteria Casa Lucas** ❷ (Carrer d'Avicenna, 3, www.casa-lucas-vermuteria.business.site) – die mächtig angesagte Vermouth-Location darf auf Ibiza natürlich nicht fehlen – oder in der lockeren Stehbar **Born** ☀ (Carrer de Miquel Caietàno Soler, 2, www.bornibiza.com); gefolgt von **La Taberna del Parque** ☀, wo ganz schön viel Gin auf der Karte steht (Plaça del Parc, 5).
In der Carrer de Jaume, die sich so gerade noch an die Stadtmauer quetscht, ist man kulinarisch bestens aufgehoben: Da reihen sich verschiedenste spanische ›Gustos‹ wie an einer Perlenschnur auf: die eher typisch asturische **Sidrería Poma** ☀ (Carrer de Jaume I, 10) gefolgt vom schwer angesagten **Bebel** ☀ (Nr. 4), wo es unter italienischer Führung die kreativsten Seafood-Tapas gibt, oder das **Locals Only** ❽, das in Wirklichkeit alle Locals dieser Welt willkommen heißt.

KLEINE ERNÜCHTERUNG

Ist ja schon toll, was Ibiza so an unterschiedlichen Typen zu bieten hat – aber die schrägsten Vögel, inklusive der Drag Queens, rennen meistens von Berufs wegen so aufgebrezelt herum, um Touristen zu animieren, die von ihnen beworbene Lokalität zu besuchen. Besonders tüchtige *tiqueteros* animieren in den Clubs attraktive Frauen, enthemmende Pillen zu nehmen.

INFOS

Tourist-Information: Passeig de Vara de Rey, 1, T 971 30 19 00, www.ibiza. travel; Plaça de la Catedral, T 971 39 92 32, www.eivissa.es.
Busse: Die Linie 14 verbindet Eivissa mit den westlichen Stränden Figueretes und Platja d'en Bossa: Juni–Sept. tgl. 7–23.40 Uhr alle 20–25 Min., Okt.–Mai Mo–Fr 7.30–22.30 Uhr alle 30 Min., Sa, So 9–13, 16–20 Uhr stdl.

TERMINE

6. Januar: Dreikönigsfest mit Prozessionen am Vorabend
2. Maiwoche: Mittelalterfest
Mitte Mai: Opening Parties der Discos
23. Juni: Mittsommerfest
8. August: Tag der Befreiung (Reconquista) mit großem Feuerwerk am Hafen
Ende September/Anfang Oktober: Closing Parties der Diskotheken
12. Oktober: Día de la Hispanidad (gesetzlicher Feiertag in Erinnerung der Entdeckung Amerikas)

Marinas Eivissa und Botafoch ◫ F 5

Nordöstlich des Zentrums führt der Passeig Joan Carles I nach Eivissa Nova, besser bekannt als Marina Eivissa – und damit auch entlang der reichen Seite der Stadt. Hier liegen die teuren, nicht immer geschmackssicheren Immobilien und Hotels – zwei der jüngsten stummen Zeugen sind das auffällige Granhotel Ibiza oder das quietschbunte Apartmentensemble des französischen Stararchitekten Jean Nouvel. Weiter hinaus gelangen Sie zur Kaimauer, an der die Kreuzfahrtschiffe und Fähren zum Festland anlegen, und zum Kap Far de Botafoch mit seinem Leuchtturm.

MARINAS EIVISSA UND BOTAFOCH

In fremden Betten
1 El Hotel Pacha

Satt & glücklich
1 Cappuccino Marina
2 La Gaia

Stöbern & entdecken
1 Dora Herbst

Wenn die Nacht beginnt
1 Lío Ibiza
2 Club Chinois
3 Pacha

WAS TUN IN DEN MARINAS?

Sehen und gesehen werden

Die Schönen und Reichen in den Marinas Eivissa und Botafoch sind ein Hingucker für sich. Die Commercial Zone am Anlegehafen für (Mega-)Jachten und Sportboote ist nicht wirklich ein Anziehungspunkt für breite Touristenströme, bringt aber einen Hauch San Francisco mit sich: Neben etwa 60 Shops im modern-ibizenkischen Baustil um drei Plätze herum gibt es ganz nette Gastronomie und vor allem den wunderbaren Blick auf die Dalt Vila gegenüber.

SCHLEMMEN, SHOPPEN, SCHLAFEN

 In fremden Betten

Passend zur Disco
El Hotel Pacha 1

Sehr entspannend ist es natürlich, nach einer durchtanzten Nacht in der gleichen Liga zu nächtigen: und zwar *next door* zum Pacha-Club im Pacha-Hotel, wo häufig auch die DJs einquartiert

werden. Billig geht zwar anders, aber ein Erlebnis ist es auf jeden Fall.
Passeig Maritim, T 971 31 59 63, www.elhotel pacha.com, ganzjährig, €€

 Satt & glücklich

Für Angeber und Ausgeber
Cappuccino Marina 1

Ibiza-Lebensstil *at its chicest.* Hier speisen Clubbesitzer wie -gänger nach einer langen Nacht. Wegen der Lage vor dem Hafenparkplatz auch ein Dorado für Angeber mit dem richtigen Auto.
Passeig Joan Carles I, 20, www.grupocappucci no.com, tgl. 9–3, im Winter 10–2 Uhr, €€–€€€

JaPeruvian
La Gaia 2

Alles, was bei der Fusion zwischen japanischer und peruanischer Küche – außer Meerschweinchen-Sushi – herauskommen kann, nennt sich Japeruvian. Die sogenannte Nikkei-Küche findet sich im La Gaia im Granhotel an der Marina Eivissa in Perfektion. Chef Óscar Molina jagt dort wahlweise mediterrane Shrimps oder Muscheln durch die Tempura-Brühe oder legt

27

eine vegane Ceviche an. Dafür gab es 2021 einen Michelin-Stern.
Passeig Joan Carles I, 17, T 971 80 68 06, www.lagaiaibiza.com, €€€

··

 Stöbern & entdecken

Stilprägend
Dora Herbst
Wallende Blumenkleider im Stil der 70er-Jahre gibt es bei der legendären Designerin Dora Herbst, die die Ibiza-Mode maßgeblich beeinflusst hat.
Carrer Botafoch, Local 315 Marina, www.doraherbstibiza.com

··

 Wenn die Nacht beginnt …

Prickelnd
Lío Ibiza ❀
Sehen und gesehen werden *at its best* – das erleben Sie in diesem von der Pacha-Gruppe geführten Etablissement. Cabaret, Shows und Burlesque, dazu echte und Möchtegern-Promis. Der Club mit einer Kapazität von 1500

Gästen bietet ein Dinner mit frivolen, teils lasziven und witzigen Showeinlagen. Das Event geht fließend in einen Clubabend über, für den auch Tickets ohne Tisch gebucht werden können. Das Lío ist alles – nur nicht billig!
Port d'Eivissa Nova, Passeig Joan Carles I, T 971 31 00 22, www.lioibiza.com, tgl. 20.30–5 Uhr

Fernost trifft West
Club Chinois ❷
Eine lange Bar im Stil eines dekadenten Jazzclubs der 1930er-Jahre in Shanghai. Ein schwarzer Kubus mit einer

---

HOPPEN AUF DER GANZEN LINIE

Club-Hopping vom Pacha zum Ushuaïa und Hï oder vom Amnesia und Privilege nach Sant Antoni, ohne Auto und Alkoholstress? Der **Discobus** transportiert Nachteulen auf offizieller Linie in der Saison zu den Venues quer über die Insel!
Vom Hafen Eivissa, 0–6 Uhr alle 30 Min., Fahrpläne: http://discobusibiza.com

Allein für diesen Blick auf die Dalt Vila lohnt sich der Weg zur Marina Eivissa.

riesigen Discokugel über dem DJ-Pult, eingerahmt von einem goldenen Paillettenvorhang. Eine 360-Grad-Lichtinstallation und eine satte Soundanlage, die einen die Musik spüren lässt, trotzdem Unterhaltungen nicht völlig unmöglich macht. Im ehemaligen Heart hat 2022 dieser beinahe intime Club (max. 1000 Gäste) für Freunde von feinstem House und Techno eröffnet.

Passeig Joan Carles I, 17, www.clubchinoisibiza. com, 23–6.30 Uhr

Kultig
Pacha

Die berühmte und einzige ganzjährig geöffnete Diskothek Ibizas ist nach wie vor eine der besten Megadiscos der Welt (Kapazität: 3000) und lockt mit tropischer Gartenterrasse, vier Ebenen und Restaurant, und täglich wechselnden DJ-Sets namhafter Aufleger. Montags steigt in dem 1973 aus einer Finca entwachsenden Venue die Flower Power Night. Wer dann auch noch auf Tuchfühlung mit den großen Stars gehen will, schläft luxuriös wie bereits Madonna oder David Guetta im Pacha Hotel (▶ S. 27) gleich nebenan. Und auch wenn Guetta weitergezogen ist und Erick Morillo nicht mehr unter uns weilt, wird man weiter für ein internationales Top-Line-Up der DJs sorgen.

Avinguda 8 d'Agost, www.pacha.com, 23–7 Uhr, im Winter nur Fr, Sa, Eintritt 25–50 € (online bei www.ibizadiscoticket.com)

....

INFOS

....

Tourist-Information: ▶ S. 26

Sant Rafel ◫ E 4/5

Hier dreht sich alles um (den) Ton: Sant Rafel de sa Creu beherbergt die zwei bekanntesten Töpfereien Ibizas, um die Ecke drehen in Szenediskotheken Top-DJs an den Scheiben.

....

WAS TUN IN SANT RAFEL?

....

Zum Trabrennen gehen
Hipódromo de Sant Rafel

Die heimliche Leidenschaft, wenn nicht sogar der Volkssport Ibizas, ist das Trabrennen – und eine echte Abwechslung, denn die Veranstaltungen stehen auf keinem Touri-Programm. Das Hipódromo de Sant Rafel scheint angesichts gigantomaner Fußballstadien wie aus der Zeit gefallen: Die romantische Bilderbucharena mit den bunten Fähnchen wirkt von außen eher wie ein Zirkus, man könnte hier Filme drehen, die in den Dreißiger Jahren spielen, ohne die Kulisse umzubauen. Trabrennen aber ist auf Ibiza Gegenwart – vor allem samstagsnachmittags, zur besten Fußballzeit. Wer da nicht kann, sollte sich die Arena trotzdem nicht entgehen lassen, allein, um einen Blick auf die schönen Pferde zu werfen oder beim Training zuzuschauen.

Landstraße PMV 812-2 Sant Rafel–Santa Eulária, erster Kreisverkehr links, T 971 19 85 61, Renntermine beim Tourismusbüro in Eivissa erfragen. Alternativ: das Hippodrom in Sant Jordi, in dem auch der Hippiemarkt stattfindet (www.mercadillodesantjordi.com)

....

SCHLEMMEN, SHOPPEN, SCHLAFEN

....

🏠 **In fremden Betten**

Maurische Mauern
Can Lluc

Eine außergewöhnliche Location, wo sie keiner vermutet: Das edelste Agroturismo Ibizas mit einem Blick aus dem Whirlpool weit über die Täler, den auch schon Liz Hurley genossen hat. Der Pool hat ein Bullauge in den Konferenzraum, und inzwischen gibt es in luftigen Höhen auch ein Top-Restaurant. Die Designer-Apartments sind mit eigener Kitchenette ausgestattet. Ideal, um das Geschäftliche mit dem Angenehmen zu verbinden.

Camí d'es Tercet, 2 km nördlich an der Landstraße zwischen Sant Rafel und Santa Agnès, nach 2 km rechts abbiegen (ab da ausgeschildert), T 971 19 86 73, www.canlluc.com, €€€

Satt & glücklich

Die ehrlichsten Steaks der Insel
Asado Can Pilot
Wenn in dem 1949 eröffneten Traditions-
lokal der Grill angeschmissen wird, duftet
es in der gesamten Ortschaft wunderbar
nach Fleisch – auf einem riesigen Holz-
kohlegrill mitten im Gastraum werden die
wohl besten Steaks der Insel zubereitet.
Ganz ohne Chichi, gewürzt nur mit Meer-
salz. Dazu gibt's Kartoffelchips, Tomaten
und/oder Paprikaschoten. Was im Can
Pilot auf die Teller kommt, braucht den
Vergleich mit den teuren Szene-Steaklo-
kalen der Insel nicht zu scheuen! Ebenso
begeistert wie von der Qualität werden
Sie von den Preisen sein.
Carretera Eivissa-Sant Antoni, T 971 19 82 93,
€–€€

Vom Weg abkommen, aber nicht auf der Strecke bleiben
Can Tixedo Art Café
Zwischen Sant Rafel, Sant Antoni und
Santa Gertrudis passieren Sie in der
Wildnis eine unscheinbare Kreuzung
mit diesem beliebten und preiswerten
Treff. Samstags findet dort der sehr
nette **Mercat de Forada** statt, auf dem
ausschließlich Produkte von der Insel
verkauft werden.
Carretera Santa Agnès Km 5, T 971 34 52 48,
www.cantixedo.com, €

 Stöbern & entdecken

Keramik ohne Töpferkurs
Cerámicas Icardi/Kinoto
In dem relativ schläfrigen Dörfchen Sant
Rafel drehte sich einstmals alles rund um
Ton und was man daraus herstellen kann.
Heute beschränkt sich die Ausgestaltung
mit Lehm und Wasser fast ausschließlich
auf das Kreative. Bei schönem Wetter
sitzt Carlos Icardí draußen vor seinem
Laden Cerámicas Icardí und lugt beim
Arbeiten neugierig über die Scheibe, wer
ihn besuchen kommt. Kinoto ist nicht nur
Töpfer, sondern auch Maler, die zweite
Geschäftsführerin, Carme Corominas, ist

*Hochwertiges aus Ton und
Tradition gibt's bei Icardi.*

mehr auf das Dekorative spezialisiert.
Kaum etwas ist vor dem Material sicher:
Neben Geschirr, Lampen, Vasen gibt es
auch Schmuck und Bilder aus Ton. Man-
ches ist sicher Geschmackssache.
Icardi: am Ortsausgang Richtung Santa Agnès,
T 971 19 81 06, www.ceramicasicardi.blogspot.
com; Kinoto: Avinguda Isidor Macabich, 44, T 971
19 82 62, www.cankinoto.com

 Wenn die Nacht beginnt …

Die Größte
Privilege
Mit einer ›Ladekapazität‹ von 14
000 Gästen ist das Privilege die
größte Disco der Welt. Erbaut im Stil
eines riesigen Flughangars, mit Pool
und DJ-Insel. Besonders beliebt: der
Vista-Club-Bereich mit Glasdach und
Blick auf Eivissa bei Sonnenaufgang.
Dienstags Resistance-Party mit All-
rounder Carl Cox (▶ S. 32).
Urbanización San Rafel, Autobahn C 731
Richtung Sant Antoni bei Km 7 (Sant Rafel),
www.privilegeibiza.com, tgl. ca. 0–6 Uhr, Eintritt
je nach Party 20–60 €, Wodka-Lemon ab 12 €,
Bier 10 €, Taxi von San Antonio, Playa d'en
Bossa oder Eivissa 15–25 €

Shameless
Amnesia
Die weltweit bekannte Heimat
von Top-DJs und der legendären
Cocoon-Party von Sven Väth. Mit
einem Fassungsvermögen von 5000
Menschen, zwei großen Clubbing
Areas, dem höhlenartigen Main Room
und der berühmten Amnesia Terrace
mit großem Glasdach, das bei Sonnen-

aufgang von Licht durchflutet wird. In beiden Areas kann zur Schaumparty jederzeit völlig überraschend die berüchtigte Eiskanone losschießen. Im Amnesia-Gourmettempel in der Cova Santa wird schön vorgeglüht, um per Transfer zum Club dann weiter Party zu machen. Sonntags steigt die nostalgische Pyramid-Party, bei der es zugehen soll wie in alten Tagen (▶ S. 32).

An der Schnellstraße C 731 Richtung Sant Antoni Höhe Km 6, T 971 19 80 41, www. amnesia.es, tgl. 0–7 Uhr, Eintritt je nach Party 30–60 €, im Winter geschl., Longdrinks ca. 15 €, Bier 13 €, Wasser 9 €

Geheimtipp
Underground (›U‹)
Der wesentlich kleinere, intime Club mit Terrasse (»not for everybody«) wird vornehmlich von Leuten bevorzugt, die der Großdisco und dem Technostress eine stimmungsvolle DJ-Nacht mit Ibiza-Sound vorziehen. Daher wird auch keine große Werbung gemacht.

Außerdem: Kein Ticketvorverkauf, keine Shows, keine eingeflogenen Top-DJs. Wem das dann doch zu wenig ist, der kann fußläufig ins Privilege auf der anderen Straßenseite wechseln.

Diseminado Cas Arabins, 96, an der Autobahn Richtung Sant Antoni bei Km 7 (Sant Rafel) auf der linken Seite, www.facebook.com/IbizaUn dergroundclub, tgl. 23–6 Uhr, Taxi von/nach Eivissa oder San Antonio 15–25 €, ab Playa d'en Bossa ca. 30 €

Talamanca 🗺 F 5

Wer in Eivissa weilt, wird die Platja Talamanca zu schätzen wissen. Die weite Bucht nordöstlich der Stadt ist die unprätentiöse Schwester der quirligen Platja d'en Bossa. Unbehelligt vom MMMz-MMMz-Stampf der dortigen Ganztagesdiscos lässt es sich friedlich chillen und baden, fliegende Verkäufer und Masseure sowie ein paar unaufgeregte Strandlokale tragen zur entspannten Atmosphäre bei.

Feigenbäume sind auf Ibiza omnipräsent, oft werden die langen Äste als kleine Dächer designt.

Schillernde Club-Legenden – **Privilege und Amnesia**

Die Fläche so groß wie ein Fußballfeld, eigener Swimmingpool: Am Eingang führt eine gewaltige Treppe mitten auf die Tanzfläche, die DJ-Kabine schwebt über dem Pool, am Ende tanzen auf der Riesenbühne meist dürftig bekleidete Menschen ekstatischer, als die Polizei erlaubt – und zur Orientierung gibt's sogar eine Landkarte.

Wir reden hier nicht von irgendeinem Club: Das **Privilege** ❂ ist der größte Club der Welt mit einem buchstäblichen ›Fassungsvermögen‹ von bis zu 14 000 Personen. Dabei hatte alles so bescheiden begonnen. 1978 wurde das als Club Rafael bekannte Gebäude von drei Basken gekauft, darunter der damalige Fußballstar Antonio Santamaria. Sie gaben der Disco den Namen KU – nach einem kleinen Nachtclub, den sie bereits in San Sebastiàn betrieben. In den 1980er-Jahren erlangte das KU Weltruhm, die Reichen und Schönen trafen sich hier zu wilden Partys. 1987 sang Freddie Mercury im KU das legendäre Duett mit der Opernsängerin Montserrat Caballé, das weltweit im Fernsehen übertragen wurde. Nach Umbau und Umbenennung kam 1994 mit Manumission eine der ersten Motto-Partys, die heute die Discoszenerie definieren.

2007 ging die Party im **Amnesia** ❂ weiter, dem zweiten Riesenladen für Techno- und Rave-Begeisterte – ursprünglich eine Finca aus dem 18. Jh., die eine adlige Künstlerwitwe in den 1970er-Jahren aufkaufte und zum Hippietreff formierte. 1976 wurde das Haus vom neuen Besitzer in eine Disco umgebaut. Im Sommer 1988 soll der Argentinier Alfredo mit seinen damals schon auf der Insel legendären Sets die jungen englischen DJs Paul Oakenfold und Danny Rampling so sehr beeindruckt haben, dass sie die Balearic Beats nach England brachten, neu mixten und den heutigen Clubbing-Tourismus Ibizas begründeten. Berühmt waren Sven Väths Cocoon‹-Partys, berüchtigt die

Von 1999 bis 2019 ließ der Frankfurter DJ Sven Väth montags im Amnesia seine legendäre Cocoon-Party steigen.

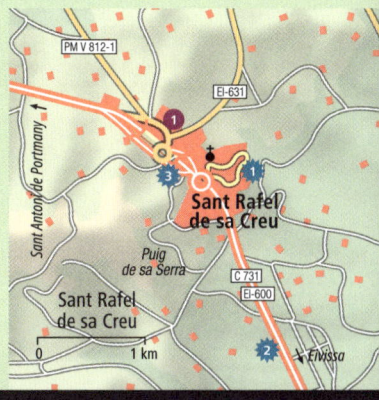

Schaumpartys: Bei der Fiesta de Espuma setzen riesige Schaumkanonen die Tanzfläche bis über Kopfhöhe in eine einzige Blase, was eine recht entfesselnde Wirkung hervorruft. Wer also denkt, Sant Rafel sei ein kleines verschlafenes Töpferdorf, hat die Rechnung nicht mit der Nacht gemacht. Eines haben Töpfer und DJs jedoch gemeinsam: Beide verstehen sich auf Ton und runde Teller.

Einst als Gay-Party gestartet, mittlerweile ein wildes Motto-Kunterbunt: die samstäglichen Matinee-Partys auf der Terrasse im Amnesia, besonders beliebt bei Spaniern

INFOS/ÖFFNUNGSZEITEN
Privilege ①: ▶ S. 30
Amnesia ②: ▶ S. 30
Underground ③: ▶ S. 31
Zum Thema Club-Hopping, ▶ S. 28

KULNARISCHES FÜR ZWISCHENDRIN

Ein stimmungsvoller Dinner-Club in Sant Rafel mit fantasievoller asiatischer Küche und wechselnden Events als Vorprogramm für die Tanznacht ist das **Côtô Ibiza** ❶, Avinguda Isidor Macabich, 6, T 649 22 89 94, www.cotoibiza. com, €€–€€€.

Faltplan: E 4/5

WAS TUN IΠ TALAMANCA?

Strandleben genießen

Der nördliche Hausstrand von Eivissa liegt 3 km vom Zentrum entfernt, direkt um die Kurve hinter Botafoch zwischen den beiden Landzungen **Punta Grossa** und **Punta Martinet.** Der 2 km lange Strand ist familien- und behindertenfreundlich, mehrere kleinere Hotels und Pensionen reichen bis zum Strand heran. Aufgrund der geringen Wassertiefe können die Kinder herumplanschen, Sportsfreunde mit ihren Jetskis angeben, es gibt Auffahrtrampen für Behinderte, mobile Massagen und die notorischen Schmuckverkäufer. Kein Wunder, dass hier der ortsansässige Ibizenker zur Erholung vorbeikommt. Im Sommer gibt es oft Gelegenheit für Yoga- und Henna-Workshops, Volleyball, Kinderspiele und Aktivitäten für Behinderte (Informationen im Fremdenverkehrsbüro,

T 971 39 92 32, www.ibiza.travel). Wer so dicht am Meer den Urlaub verbringen will, reserviert frühzeitig in den Strandhostals. Oder man kommt einfach, um in den Strandlokalen lecker und preiswert zu essen.

SCHLEMMEN, SHOPPEN, SCHLAFEΠ

 In fremden Betten

Sie wollen urlauben wie die Reichen und Berühmten? Auf fast dem gleichen Niveau, aber viel preiswerter ist das als Selbstversorger auf einer Finca möglich, vor allem in Gruppen. In der Nähe von Talamanca gibt es beispielsweise die 500 m vom Strand entfernte **Villa Can Emma** für vier Personen oder Luxusvillen wie die **Villa Wave** direkt am Meer mit eigenem Pool, Designermöbeln und fünf Schlafzimmern (Mindestaufenthalt 7 Tage, Anfragen und weitere

TALAMANCA

In fremden Betten
1 Hostal Talamanca
2 Ca n'Arabi/ Can Jaume
3 Simbad
4 Destino Pacha Resort

Satt & glücklich
1 Bar Flotante
2 Chambao
3 Beliamar
4 Sa Punta
5 Fish Shack

6 Cala Bonita

HOPPLA!

Die Bucht wirkt zwar weit und unendlich, unter Wasser können Schwimmer aber schnell Bekanntschaft mit kleinen Hügeln machen, die fast bis zur Wasseroberfläche reichen. Oder so tun, als könnten sie wie Jesus übers Wasser laufen …

lizensierte Immobilien über www. ibiza-selected.com, €€–€€€).

Vom Bett ins Meer fallen
Hostal Talamanca ❶
Preisgünstige Hotels direkt am Wasser sind selten, meist handelt es sich um einfachere Hostals. Wer es im Urlaub einfach halten und morgens zum Strand nicht weit haben möchte, kann im Hostal Talamanca direkt aus dem Bett und 20 m weiter ins Mittelmeer springen. Mit auch bei Einheimischen sehr beliebtem Restaurant, insbesondere wegen der Pizza, Tapas und Fischgerichte.
Playa Talamanca, Aptdo.103, T 971 31 24 63, www.hostaltalamanca.com, €–€€

Agroturismo
Ca n'Arabí/Can Jaume ❷
Noch zwei persönliche Tipps, wenn auch etwas teurer: zwei der Agroturismo-Kategorie zugeordnete Unterkünfte, was auf Ibiza Boutique-Luxus-Bauernhof bedeutet. Beide nördlich des unscheinbaren Dorfes Puig d'en Valls gelegen. Das **Ca n'Arabí** ist in einer ehemaligen Molkerei aus der Jahrhundertwende untergebracht, die meisten Produkte sind öko, wenn nicht sogar ›aus eigener Schlachtung‹ wie etwa der Orangensaft aus dem umliegenden Obstgarten. Der Pool ist mit arabischen Mosaiken ausgelegt. Ähnliche Geschmacksmuster finden sich auch im benachbarten Agroturismo **Can Jaume.**
Ca n'Arabí: T 971 31 35 05, www.canarabi.com, €€–€€€; Can Jaume: bei der Hierbas-Produktion Marí Mayans rechts, T 971 31 88 55, www. canjaume.org, €€–€€€

Luxushotels fremdnutzen
Simbad ❸
In der Bucht von Talamanca gibt es einige schicke Hotels, die auch für ›Normalsterbliche‹ bezahlbar sind. Das 4-Sterne-Hotel Simbad mit einer Poolterrasse direkt über dem Meer lockt mit einem schönen Spa, in dem man sich nach langen Strand- oder auch an Regentagen verwöhnen und entspannen kann.
Carrer ses Figueres, 22, T 971 31 18 62, www.hotelsimbad.com, €€

Endlich zweimal alle Fünfe gerade sein lassen

Ganz schön posh
Destino Pacha Resort ❹
Das Resort an den Klippen vom Cap Martinet ist wie geschaffen für feierwütige Gäste, die es nach einer Party nicht weit ins Bett haben möchten. Veranstaltet werden hauseigene Pacha-Partys im Freien rund um eine spektakuläre Pool-Bühne mit tollem Blick übers Meer nach Eivissa. Nach Mitternacht geht es dann im angeschlossenen Club Tox weiter – inoffiziell auch mal gerne bis zum Morgengrauen. Zu den Partys in Eivissa bietet das Hotel kostenfreie Shuttles an. Kleiner Wermutstropfen: Das Meer an dieser Stelle eignet sich nur bedingt zum Schwimmen, da der Grund recht steinig ist.
Avenida Cap Martinet, s/n, T 971 31 74 11, www.destinopacha.com, €€€

 Satt & glücklich

Im Sand geerdet
Bar Flotante ❶
Eigentlich nicht viel mehr als ein Bierzelt auf dem Strand, gleich hinter dem

IN SEE STECHEN

Marco Polo Ibiza
Der Pacha-DJ Claptone hat auf diesem historischen Zweimaster schon aufgelegt! Gruppen bis zu 12 Personen können das gesamte Schiff chartern, aber auch Singles, Paare und Familien nimmt die Marco Polo Ibiza auf einen Tagesausflug mit. Unter Piratenflagge geht es nach Formentera. Da machen selbst die Besitzer der Mega-Jachten große Augen (www.marcopoloibiza.com, T 634 06 96 69, ab 150 € p. P.).

luxuriösen Ocean-Drive-Hotel: eine Alternative zu den neureichen Läden an der Botafoch. Hier frühstücken Sie mit Einheimischen, beobachten müde Clubber beim Ausschlafen am Strand, können von Bocadillo bis Paella den ganzen Tag und das ganze Jahr über essen und genießen – ungekünstelt und barfuß im Sand.
Carrer de s'Illa Plana, 2, €

Speisen à la Niro
Chambao ❷
Das Edelhotel Nobu unter Beteiligung von Robert de Niro ist eine weitere

NEUES BAUEN

Wer sich für neues Bauen interessiert, sollte mal einen Ausflug nach **Can Pep Simó** unternehmen, ein oberhalb der Bucht von Talamanca gelegenes Stadtviertel. Hier steht das bekannteste Objekt des bekannten Ibiza-Architekten Josep Lluís Sert, der in der Bauhaus- wie auch Ibiza-Bautradition die Idee um den reduzierten Kubus weitergeführt hat. Das markante grüne Ensemble mit neun Gebäuden entstand rund um Serts Privathaus.

Hip-Location der Insel. Während die Unterkunft recht teuer ist, kann man es sich tagsüber im unprätentiösen Beach-Restaurant Chambao oder abends im Popup-Restaurant Bibo von Starkoch Dani Garcia zu fairen Preisen gut gehen lassen.
Cami ses Feixes, 52, T 971 19 22 22, www.nobuhotelibizabay.com, €€–€€€

Chillout vor Kulisse
Bellamar ❸
Das Beach-Restaurant in bester Lage und mit guter (musikalischer) Allround-Stimmung serviert Basic-Küche wie Tapas, Meeresfrüchte oder Thai-Gerichte zu moderaten Preisen – und man kann gleich liegen bleiben!
Carrer Platja Talamanca, 13, T 971 19 13 35, €–€€

Gute Vibes und schöne Menschen
Sa Punta ❹
Für Lunch und Dinner der gehobenen Sorte im Vintage-Stil eingerichtete Location, wo sich der Jetset im ›Über-Chic‹ eines Chill-out direkt an der Felsküste trifft. Es gibt gleich mehrere Restaurants, die sowohl libanesisch geprägte (Patchwork) als auch asiatische Küche (Ginger) bieten und als Highlight zur Dämmerung mit Hilfe von DJ-Piloten einen sanften Start in den Abend ermöglichen. Weiterhin bietet eine hauseigene Boutique moderne Versionen des Ibiza-Hippie-Chic auf Glamour getrimmt.
Es Pouet de Talamanca, T 971 19 34 24, www.sapuntaibiza.com, €€–€€€

Zum Singen und Verlieben
Fish Shack ❺
Ein paar Plastikstühle, ein Mörderblick übers Meer am letzten Zipfel der Talamanca-Bucht und dazu herzliche Mahlzeiten unter zusammengestellten Sonnenschirmen, mehr braucht es am Ende nicht, um glücklich zu sein. In dem inoffiziellen, klassisch hausgemachten *chiringuito* (ein anderes Wort für *kiosco*) unter Insidern als Chiringuito de Paco y Maria bekannt, singen die Kellner das Fischangebot des Tages, immer frisch gegrillt und

*Experiment geglückt: das Experimental Beach am Cap d'es Falco/
Platja des Codolar am südlichen Zipfel Ibizas*

mit Salat serviert. Sonst gibt es auch eine kleine Auswahl an Fleischgerichten, ibizenkische Nachspeisen und *café caleta.* Einer der Orte, die hoffentlich niemals verschwinden werden.

Sa Punta, am Ende der Bucht, T 971 30 23 47, €–€€

Entlegen, aber nicht ungelegen
Cala Bonita ❻

Die landeinwärts gelegene ›Schlafstadt‹ Jesús hat neben Einkaufsmöglichkeiten nicht viel zu bieten, aber um die Ecke wartet eine besondere Stimmung in Gestalt eines der schönsten Strandrestaurants an der Ostküste Ibizas (dort gibt es nicht viele, da die Sonne bekanntlich im Westen untergeht). An einer Rumpelstraße links vom Fußballstadion (ab da beschildert) betritt man nach etwa 1,5 km eine kulinarische Adresse, wohin der Weg sich lohnt: Den Gast erwartet ein idealer Ort für *long lazy lunches* mit Familie oder Freunden – mediterran und unter sanfter DJ-Beschallung.

Platja de s'Estanyol, T 605 45 05 92, www.calabonitaibiza.com, Reservierung obligatorisch, €€–€€€

Ses Salines 🗺 E 7

Ein Ausflug, bei dem der Fotoapparat nicht fehlen sollte: Ses Salines ist ein Naturschauspiel für sich, vom Gay- oder Nacktbadestrand bis zum Flamingo-Reservat. Zwischen UNESCO-Naturerbe unter Wasser und den Salzfeldern, die Ibiza ersten Wohlstand bescherten, chillen Mensch und Natur im Einklang des sanften Tourismus.

WAS TUN IN SES SALINES?

Eine Radtour zum Abtauchen

Zu den von Eivissa knapp 9 km entfernten Stränden von Ses Salines steigen Sie wegen der Staus idealerweise aufs Fahrrad. Taucherbrille und Handtuch im Körbchen, erreichen Sie in der Einflugschneise des Flughafens die legendäre Disco **DC-10,** die schon Leute wie P. Diddy zu Besuch hatte (www.ra.co/clubs/1273, Party ab mittags), und bald darauf einige der **Top-Szenelokale.**

An einem alten Wasserrad beginnt es mit dem quirligen **Beach-Restaurant La Escollera** (s. u.) und setzt sich über eine Landzunge fort zu **El Chiringuito** (s. u.), dem **Chiringay** (s. u.) bis zum Wehrturm **Torre de ses Portes.** Hier hat man übrigens ein pikantes Umweltproblem: Der inflationäre Sex zerstört die Dünen!

Oder Sie fahren die Carreterra Sa Canal weiter bis zum Ende: Die **Platja ses Salines** mit ihren wie an einer Perlenschnur aufgereihten Beachclubs ist ein schönes Plätzchen zum Baden und Eintauchen in die Unterwasserflora der **Posidonia-Wiesen.** Wer das ›Gras von unten‹ ganz intensiv erleben möchte, hält sich ans **Salinas Marine Center** (Carretera Sa Canal, direkt neben dem Hostal Sa Palmera, T 639 88 24 68).

Wegstrecke: In Sant Jordi de ses Salines am Hippodrom auf die PM 802 Richtung Sa Canal.

Keine Fata Morgana: Flamingos in den Salinen

Oder mit dem Bus der Linie 11 (im Sommer) Eivissa–Ses Salines: tgl. 9.30–19.30 Uhr alle 60 Min. (zurück 10–20, Juli/Aug. bis 21 Uhr), T 971 30 14 60, www.ibizabus.com

SCHLEMMEN, SHOPPEN, SCHLAFEN

 In fremden Betten

Schlicht und preiswert
Boutique Hostal Salinas

Wer von den Salines-Stränden gar nicht lassen kann, hier ein Geheimtipp: ein von einem Paar und einem DJ hergerichtetes, ruhig auf einer Düne dem Strand vorgelagertes, günstiges Hostal mit elf schlichten, schönen Zimmern, einem guten Restaurant und regelmäßigen spirituellen Kakao-Zeremonien in der eigenen Jurte.

Carretera Sa Canal Km 5, T 971 30 88 99, http://boutiquehostalsalinas.com, €–€€

Satt & glücklich

Essen am Meer
La Escollera

Eines der besten Beach-Restaurants der Insel mit Traumblick und hervorragender Küche. Serviert werden spanische und mediterran beeinflusste Gerichte, aber auch Californian Sushi oder Green Curry. Eine der Spezialitäten ist Paella, die es auch in einer veganen Variante gibt. Kenner fahren trotz Parkchaos direkt vor das Lokal und lassen das Auto einfach stehen – hier gibt es nämlich einen Parkservice.

Platja d'es Cavallet, T 971 39 65 72, www.laescolleraibiza.com, ganzjährig geöffnet, €€–€€€

Familienfreundlich
El Chiringuito

Nicht ganz billig, aber so schön chic! Hier isst man wahlweise mit den Füßen im Sand oder in überdimensionalen Daybeds. Für die Kids gibt es eine Kinderecke mit Betreuung, für Erwachsene werden Yogakurse angeboten.

Platja d'es Cavallet, T 971 39 53 55, www.elchiringuito.com, €€€

Am anderen Ufer
Chiringay
Dies ist die Urstätte des Gay Movement. Mediterrane Küche.

Platja d'es Cavallet, ca. 500 m hinter dem El Chiringuito, T 971 18 74 29, www.chiringay. com, €–€€

Nur die Nummer zwei
Beso Beach Ibiza
Der Ableger des Originals auf Formentera versucht die Mega-Stimmung auf die Nachbarinsel Ibiza zu exportieren – aber es kann nur einen geben!

Platja ses Salines, T 971 34 99 00, www. besobeach.com, €€–€€€

Beach Chic
Malibú Beach Club
Ein Vorgeschmack darauf, was in der Cala Jondal zur Perfektion reift: Schicki-Micki-Publikum, das das Meer eher als Kulisse schätzt.

Platja ses Salines, T 971 39 65 80, www. ibizamalibu.es, €€

Do the Crazy Horse
Jockey Club
Ibizas Beachclub-Legende, die seit 1993 das lässige Flair eines Chiringuitos mit Party-Atmosphäre verbindet. Kenner kommen schon ab 9 Uhr zum Frühstück, denn da ist es noch ruhig!

Platja ses Salines, T 971 39 57 88, www.jockey clubibiza.com, €€

Jung, schön, preiswert
Sa Trinxa
Hier entspannt sich vornehmlich müdes Partyvolk und feiert sich nicht selten direkt in den Abend hinein.

Platja ses Salines, T 637 82 61 83, www.sa trinxa.com, €–€€

Für den Strand was auf die Hand
Ca'n Pep Tixedó
Im Supermarkt Ca'n Pep Tixedó haben sie frische Früchte und schmieren die besten Bocadillos für den Strand, die man sich wünschen kann.

An der Straße zu den Stränden auf Höhe des Salzbergs (Holzschild ›Supermarket‹), www. supercanpeptixedo.com, €

🛍 Stöbern & entdecken

Legendär
Flohmarkt Ibiza Rastrillo
Fast ein Muss ist der Besuch von einem der drei legendären Hippiemärkte Ibizas (die beiden anderen finden bei Es Canar und in Sant Carles statt). Omas handgezogene Zwergspargel, Radkappen, Trödel, Schallplatten, Bücher und viel Hippie-Chic sowie echte, authentische Hippies von früher (unverkäuflich) sorgen für einen charmanten Mix der hiesigen sozialen Flora und Fauna – und vielleicht sogar für ein skurriles Souvenir.

Im Hipódromo Sant Jordi, beim Kreisverkehr zum Flughafen und den Salines-Stränden, ganzjährig Sa 9–14 Uhr

Weinverkostung
Vins de Tanys Mediterranis
Aus der auf eisenhaltigem Boden gedeihenden Monastrell-Traube zaubert eine der kleinsten Kellereien Europas einen hervorragenden Landwein. Noch ein Geheimtipp!

Carrer del Tudó, 13, Sant Jordi des ses Salines, nahe PM803, T 971 19 39 00, nach Vereinbarung

Die Platja d'en Bossa ist so etwas wie das S'Arenal Ibizas. Aber wenn schon tanzen, dann am besten im Klassiker unter den Discotempeln, dem **Hï Ibiza** (ehemaliges Space) mit einer Kapazität von über 2500 Personen, in den Rankings international eine der Top-Diskotheken auf dem Planeten. Ende Mai beginnt mit der Opening Party traditionell die offizielle Clubsaison Ibizas und importiert ein Tanzpublikum aus aller Welt – bis zur Closing Party Mitte/Ende Okt. (T 971 39 67 93, www.hiibiza.com, in der Saison Di–So, Beginn je nach Event, Ende 6 Uhr, Eintritt 30–60 €, online wochentags 20–35 €, Sa 50 €).

3

Salzige Erlebnisse –
Ses Salines

Eine alte Villa, ein Wendekreis, eine alte Verladerampe mit Fließband, die ins Meer hineinragt: Während zur Linken das gechillte Beach Life seinen Lauf nimmt, mutet das Ende der Carretera Sa Canal wie aus der Zeit gefallen an. Tatsächlich wurde hier zu Hochzeiten der Salzernte das ›weiße Gold‹ der Insel verladen und verschifft.

Tauchen Sie ein in die salzige Kulturgeschichte Ibizas – und erleben Sie gleichzeitig ein Naturschauspiel! Denn neben den UNESCO-geschützten Denkmälern der Insel ist Ses Salines das einzige Naturerbe Ibizas. Es erstreckt sich zwischen dem Kap Punta de ses Portes und Formenteras Südküste. Die Salzwiesen an Land setzen sich auf dem sandigem Meeresboden durch eine Seegraswiese (Posidonia oder auch Neptungras) bis nach Formentera fort, wo es weitere Salinen gibt.

Unterwasserwelt
Die Wiesen bilden eine natürliche Barriere, die die Küste schützen, die Instandhaltung von Stränden und Dünen ermöglichen und zur Reinigung des Wassers beitragen – etwa 220 Tierarten finden im glasklaren Wasser einen idealen Lebensraum. Aufgrund der fantastischen Umweltverhältnisse tummeln sich unter Wasser sogar Barrakudas, Meeresschildkröten, Delfine und Seepferdchen.

Im Naturpark
Mit Haut und Haar zu spüren, was Salz bedeutet, lässt sich auch ›oberirdisch‹ erfahren: Sie müssen nur die Strände (von Sant Jordí kommend) links liegen lassen und bei einem markanten riesigen Salzberg über die leicht halsbrecherische Seebrücke auf diesen zufahren (hier zahlt sich endgültig das Trekkingrad aus). Die holprige, aber idyllische Route wird zum Waldweg und führt am Berg **Es Falcó** entlang. Und da geht der Vorhang auf für ein Schauspiel der besonderen Art: Bis zum Flughafen erstrecken sich die Salzstöcke, die früher ausgetrocknet

OBULUS

Jeder Ibizenker war früher verpflichtet, eine Salzabgabe zu entrichten. Wollte er dem nicht in Naturalien nachkommen, so bezahlte er an der ›Universität‹ in der Dalt Vila seinen Steuer-Obulus. Auf diese Weise kam Ibiza zu erstem Wohlstand.

Krabben färben die Becken der Salinen ebenso rosa wie die Gefieder der Flamingos.

wurden, um das Salz unter sengender Sonne in primitiven, wasserdurchlässigen Espadrilles unter entsprechend harten Bedingungen in Körbe zu verladen (filmisch dokumentiert im Heimatmuseum in Santa Eulària).

Hier merkt man nichts mehr von der Wirtschaftlichkeit des salzigen Wattenmeeres, hier liegt eine tiefe Ruhe über dem gestauten Wasser, die nur ab und zu vom Tosen des Fluglärms zerschnitten wird. Für Hunderte von Vogelarten dienen die Salinen als Brutstätte. Prominenteste Vertreter – vielleicht bekommen Sie welche zu Gesicht – sind die rosa Flamingos, deren Federfarbe tatsächlich von ihrem immensen Krabbenkonsum herrührt. Es ist ein erhabener Anblick, wenn sie im Winter über die totenstillen Seeparzellen fliegen. Die Salinen sind nicht begebar, und das ist gut so: Nichts soll die vielfältige Tierwelt stören.

Der Weg endet netterweise mit einem Geheimtipp quasi am Ende der Welt – mit Blick auf Formentera: an der Platja ses Codolar, wo das **Experimental Beach** auf einen Cocktail oder einen zauberhaften Abend bei Sonnenuntergang einlädt.

KULINARISCHES FÜR ZWISCHENDRIN
Experimental Beach: Chill-out-Atmosphäre, Sonnenbetten, Buddhas, Musikriesel und Cocktails entschädigen für die etwas holprige Anreise zum Cap d'es Falcó (T 664 33 12 69, www.eccbeach.com, Küche ganzjährig 13.30–16.30, 19–24 Uhr, €€–€€€).

Der Westen um Sant Josep

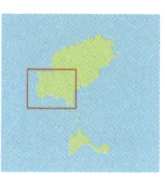

Berühmte Berge, Buchten und Strände – so könnte man Ibizas Südwesten umschreiben. Selbst, wenn viele die Berge nicht auf der Karte haben. Aber während die Buchten rund um Sant Josep von Schampusorgien bis zu Ufo-Kongressen schon eine Menge gesehen haben, bleibt es im hügeligen Hinterland ruhig und einsam. Willkommen in Ibizas beliebtester Ecke, in der man auch ohne Discostress feiern und ohne ausgetretene Tourismuspfade das Rauschen der Pinienwälder und ungeahnte Weitblicke erleben darf.

Die Küste von Sa Caleta bis Es Vedrà A–D 6/7

Der Küstenabschnitt im Südwesten ist Ibizas klassische Chill-out-Region. Von der ersten punischen Siedlung Sa Caleta bis hinauf zum magischen Felsen Es Vedrà reihen sich in den Buchten jede Menge Gelegenheiten, mal mehr, mal weniger teuer die Seele zwischen Buddhas, Strandbetten und Cocktailmusik baumeln zu lassen.

WAS TUN IM SÜDWESTEN?

Entspannt das Leben feiern

Chillen klingt nicht großartig nach Aktivität, aber es handelt sich um die gehobene Form des Strand-Abhängens und repräsentiert das moderne Ibiza in Reinform. Ich sage nur Café del Mar – das liegt zwar am Sunset Strip von Sant Antoni, aber das Chillen ist erst in den Buchten südlich der Cala d'Hort zu Höchstform aufgestiegen. Wermutstropfen: Es geht hier sehr teuer zu. Aber man sollte die Szenerie einmal erleben, die wirklich schön ist: eine Mischung aus coolem Abhängen, gut essen, nach Lust und Laune ein bisschen tanzen – wie auf einer privaten Hausparty, nur unter softer Dauer-DJ-Beschallung auf Liegestühlen und Sonnenbetten, zwischen Buddhafiguren, Windfähnchen, Klangschalen und Kellnern mit Headsets.

SCHLEMMEN, SHOPPEN, SCHLAFEN

 In fremden Betten

Finca forever!
Casa Can Jondal
Wenn Sie zu mehreren nach Ibiza kommen, ist es eine gute Idee, sich in einer der zahllosen, preiswerten Landfincas einzumieten. Diese hier bietet eine privilegierte Lage am höchsten Punkt über der Cala des Jondal. Genießen Sie von der Terrasse einen weiten Panoramablick über die ganze Bucht bis hinüber nach Port Roig. Vier Schlafzimmer, Pool, großer Garten und Grill.
Kontakt und weitere Angebote über Ibiza Rural Villas, T 971 80 05 24, mobil 620 84 39 51, www.micasatucasaibiza.com oder www.ibiza ruralvillas.com, 800 und 2000 €/Woche

 Satt & glücklich

Am Wasser essen
Wenn sich Pinienzweige und das glitzernde Meerwasser im frischen Weißweinglas spiegeln, rundherum alles langsam im Abendrot versinkt und dazu ein paar chillige Klänge herüberwehen, dann ist die Welt in Ordnung – vielleicht abgesehen von den Preisen. Geht es um teures Essen, sind Ibizas Beachclubs nicht verlegen, vor allem den Meerblick lassen sie sich gerne entsprechend vergüten. Die ehemaligen, ursprünglich meist einfachen Strandbuden mit Bocadillos und kleinen Fleischgerichten sind zu den hochpreisigsten Speiselokalen der Insel mutiert, teilweise astronomisch teuer – das Erlebnis ist es aber durchaus wert. Ein Kontrast ist weiter südlich zu beobachten, in der Bucht von Sa Caleta (wir ›essen‹ uns von hier kontinuierlich bis in den Norden durch): Hier sieht man noch Familien in ihren Bootsschuppen auf ihrem Öfchen grillen, wie es früher in allen Buchten um die *kioscos* der Fall war. Wohl dem, der dorthin mal auf einen Fisch eingeladen wird – unbezahlbar (Sie wollen einen Bootsschuppen erwerben? Vergessen Sie's!). Die hochpreisigen Beach-Restaurants haben einen Vorteil: Wenn es um die Qualität geht, lassen sie sich nicht lumpen, weil sie ihre Lizenz um jeden Preis behalten wollen.

Ursprünglich
Sa Caleta
In der Cala Es Bol Nou parken vor dem traditionsreichen Strandrestaurant oftmals die teuersten Schlitten. Hier liegt übrigens

Von Mythen magisch angezogen: Sunset Yoga an Ibizas heimlichem Wahrzeichen, dem Felsen Es Vedrà

der Ursprung des berüchtigten *café caleta*, einem Gebräu aus Kaffeebohnen, Zimt, Zitronen, Brandy und Zucker.
T 971 18 70 95, www.restaurantesacaleta.com, ganzjährig geöffnet, €€–€€€

Edel und teuer
Yemanjá
Direkt neben dem VIP-Beachclub Blue Marlin genießen Sie im zugehörigen Beach-Restaurant Yemanjá hochwertige mediterrane und asiatische Speisen, knackige Salate oder Paella mit den Füßen im Sand. Ganzjährig geöffnet.
T 971 18 74 81, www.yemanjaibiza.com, €€€

Preiswert unter Palmen
Tropicana
Vergleichsweise familiär geht es am selben Strand im Tropicana zu, wo viele tagsüber ihren Hangover pflegen.
T 971 80 26 40, www.tropicanaibiza.com, €€–€€€

Unter Wacholder
Casa Jondal
Das neueste und gleich noch teuerste Beach-Restaurant der Insel, das insbesondere bei deutschen Promis sehr beliebt ist. Und ja: Es ist wirklich sehr gut!
T 699 18 49 54, www.casajondal.es, €€€

Schlicht und Erquickend
Es Xarcu
In die schmale Fischerbucht neben der Cala des Jondal, der Cala Es Xarcu, zieht es neben dem schönen Strand mit üppiger Fauna viele Besucher wegen dieses netten Strandlokals.
T 971 18 78 67, €€–€€€

Streng geheim
Es Torrent
Geheimtipp in der gleichnamigen, sehr kleinen, feinen Bucht mit ›Zero-Kilometer‹-Politik: Frischfisch, der möglichst von den lokalen Fischern stammt.
Cala Es Torrent, T 971 80 21 60, www.estorrent.net, April–Okt. tgl. 11–23 Uhr, €€€

Klein, und wie fein
Ses Boques
Einer der versteckten und doch so leckeren *kioscos*, unterhalb von Es Cubells gelegen. Unter schön-schattigen Piniendächern speist man großartigen Fisch in Salzmantel (man hat mal durchgezählt: 1600 pro Saison) und Paella (6000 pro Saison, beides Vaters Spezialität), Süßes (Mutters Spezialität, z. B. 250 Zitronentartes pro Saison), Salat, gerne auch gemeinschaftlich. Den berühmten Arroz Ses

45

4

Magische Orte – Sa Caleta, Cala d'Hort und Es Vedrà

Wo sich im Restaurant Sa Caleta betuchte Menschen mit Café Caleta die Sinne benebeln, führt ein Weg über die Halbinsel La Mola – hinter einem Bunker nur noch das Rauschen des Windes und des Meeres, vielleicht noch Geisterstimmen von den Ahnen Ibizas. Sie stehen an Ibizas Ursprung, einer 4 ha großen, ehemals bewohnten Fläche mit Gebäuden, Gassen und Plätzen.

Sa Caleta 1 war Ibizas erste karthagische Siedlung (7. Jh. v. Chr.) und ist Teil des UNESCO-Weltkulturerbes. Schon hier bekommen Sie einen Vorgeschmack auf die Magie der Südwestküste.

Weiter nördlich an der Straße zwischen Cala d'Hort und Cala Vadella glotzen plötzlich **Steinstatuetten** unschuldige Autofahrer an – das ist nur ein Schaugarten eines Künstlers, der die alte Art, Wegmarkierungen zu setzen, dutzendfach umgesetzt hat. Aber ein Stück weiter tritt man hinter einer halsbrecherischen Auffahrt in eine offene Sohle mit Blick auf die magische Felseninsel Es Vedrà – und einigen, wenn auch spärlichen Grundrissen und Überresten einer weiteren Siedlung: **Ses Païsses de Cala d'Hort 2** (5. Jh. v. Chr.)

Magnetisch: Es Vedrà

Unterhalb von Ses Païsses an der Südspitze liegt majestätisch das (un)heimliche Wahrzeichen Ibizas: der 382 m hohe Felsen **Es Vedrà 3**. Seefahrer behaupten, die Kompassnadel würde in seiner Nähe wild ausschlagen. Etliche Schiffe seien schon von ihm im Nebel angezogen und von seinen Klippen versenkt worden. Die Sirenen betörten Odysseus, der Mönch Francisco Palau wurde über seinen Meditationen auf dem Gipfel fast verrückt. Ein Riese hielt wie bei Hänsel und Gretel zwei Kinder gefangen, bis er an ihren Seeigeln erstickte. In neueren Zeiten zierte der Felsen das Cover von Michael Oldfields Album »Voyager« und wurde Gegenstand eines Ufo-Kongresses, der hier stattfand.

G
GLÜCK

Manche Einwohner Ibizas reiben sich am Strand der **Cala Es Bol Nou** westlich von Sa Caleta mit der roten Sanderde ein oder tragen sogar ein Säckchen davon um den Hals: Sie soll Glück und Gesundheit bringen.

Noch nicht genug von Mythen? Dann weiter zum **Mirador des Savinar** 4 gegenüber oder sogar bis zur mythischen Felsenstadt Atlantis: Ja, auch die liegt ›in Wirklichkeit‹ auf Ibiza! Richtung Cala d'Hort fährt man oberhalb der Bucht in einer Rechtskurve links in den Feldweg bis zu einem Parkplatz. Von dort geradeaus weiter, auf die gut sichtbare Felseninsel Es Vedrà zu, bis es linker Hand hoch zum oft fotografierten **Torre des Savinar** 5 geht. Unterwegs kommt man noch an einer Höhle vorbei, die ein japanischer Hippie bewohnte und bemalte, und dann auf einem der Trampelpfade links hinunter nach **Atlantis** 6 : natürlich auch eine Hippiebezeichnung. Bei den unnatürlich wirkenden Steinquadern, die ein wenig an eine versunkene Stadt erinnern, handelt es sich um den Steinbruch Sa Pedrera, aus dem früher die Blöcke für die Mauern von Dalt Vila geschlagen wurden. Und damit man unterwegs keinen weiteren Sinnestäuschungen erliegt: Bitte ausgiebig Trinkwasser mitnehmen!

Omnipräsent: Buddha-skulpturen und -zeichnungen wie hier bei Sa Pedrera

INFOS/ÖFFNUNGSZEITEN

Ses Païsses de Cala d'Hort 2 : jederzeit zugänglich, Museum Di–Sa 10–14, im Sommer zusätzlich 17.30–20 Uhr, Eintritt frei

KULINARISCHES FÜR ZWISCHENDRIN

Es Boldado 1 : gegenüber von Ses Païsses den Weg hinunter, T 626 49 45 37, Di–So (Frühjahr und Herbst tgl.) 13.30–23.30 Uhr, €€

Sa Caleta - Cala Vadella

Cala Molí

Cala Vadella

Cala Vadella

Sa Talaia 475 m

Sierra d'en Creveres

PM 8031 / El-703 / El-700 / PM 803

Vista Alegre

Sa Caleta

Es Cubells

Cala d'Hort

Cala Carbó

Cala Carbó

Es Vedrà 3

Es Vedrà 382 m

Es Vedranell

4 Torre des Savinar 5 6

Paissa d'en Font

Cap Llentrisca

Port Roig

Punta de Porroig

Platja d'es Codolar

Punta des Jondal

0   3 km

Alle schwer gechillt: Katzen auf einer Llaüt, dem traditionellen Fischerboot Ibizas

Boques (Reisgericht) bekommt man nur auf Vorbestellung.
Platja Ses Boques, T 606 08 15 70, www.ses boques.com, von Es Cubells aus ausgeschildert, mittel- bis hochpreisig (je nach Tagesfang), €€

Panoramatisch
Bar Lumbi
Der Meerblick aus der Bar direkt an der Klippe von Es Cubells ist unvergleichlich, das Essen einfach, aber lecker, und die romantische Aussicht von der Terrasse direkt an der Felsklippe die beste und weitläufigste weit und breit.
T 971 80 21 28, €–€€

Bei Weitem die Beste
Es Boldado
Die angeblich beste Paella Ibizas bekommen Sie in diesem Restaurant in der Cala d'Hort – auf jeden Fall genießen Sie sie mit dem besten Blick auf den magischen Felsen Es Vedrà. Dafür nimmt man einen längeren Anfahrtsweg in Kauf.
Von der Landstraße am Hinweisstein 1,5 km Holperstraße hinunter, T 626 49 45 37, im Frühjahr und Herbst Mo geschl., €€

Aus Wald und Meer
S'Illa des Bosc
In der Cala Comte wird es auf den Klippen des schicken Restaurants zu moderner mediterraner Küche hochromantisch.
T 971 80 61 61, www.silladesbosc.com, €€

....

 Wenn die Nacht beginnt

Sündhaft chillig
Cova Santa
Im Landesinneren lockt eine vom Techno-/House-Club Amnesia (▶ S. 32) betriebene Eventlocation in die Naturhöhle mit erstklassigem Gourmet-Restaurant, Loungegarten, Flamenco-Shows und After-Dinner-Partys.
T 971 39 57 14, www.covasanta.com, Tickets für die Partys 20–40 €

Der Kultigste?
Blue Marlin
Der bekannteste und vielleicht kultigste Beachclub Ibizas ist das Blue Marlin in der Cala des Jondal, quasi eine Ibiza-Erfahrung in der Nussschale. Zwischen Mai und Oktober bereiten ausgezeichnete Köche eine Fusion aus mediterraner Küche mit orientalischen Aromen sowie feinsten japanischen Sushi. Da man bis 4 Uhr morgens feiern darf, geht es nach Sonnenuntergang direkt in den Abend weiter mit Partys, auf denen House- und

Techno-DJs auflegen (allerdings viel sanfter).
T 971 41 01 17, www.bluemarlinibiza.com

Feine Finca
Jul's
Einer der hochpreisigsten Venues auf Ibiza, der eine Welt für sich sein will: Das Restaurant kombiniert unterschiedliche Stimmungen, die Karte reist einmal von Griechenland bis Spanien, und da darf der Textilshop und die hauseigene Musik nicht fehlen. Für das ›Experience‹ gibt es zum Dinner Musik oder Performances.
Edificio Can Toni Mariano, 145 (auf dem Weg zur Bucht Sa Caleta), T 871 03 53 30, www.julsibiza.com

Oder doch abrocken?
Can Jordí Blues Station
Die Musik-Akkus werden in der Can Jordí Blues Station aufgetankt: ehrliche, handgemachte Musik (Blues, Rock) und dazu ehrliche Snacks und Bocadillos.
Direkt an der Landstraße PM 803 Km 7, zwischen dem Sal de Ibiza Store und Sant Josep, Ankündigungen auf Facebook

---

EIN BISSCHEN ZOMBIE-TOURISMUS

Festival-Club-Ruinen
In einer Einöde bei Sant Josep verbirgt sich der Festival Club, die verlassene Mutter aller Megadiscos. 1972 wurden Ibiza-Touristen allabendlich zu Tausenden per Bus hierher gekarrt, um fettige Paella zu essen, zu tanzen und trinken und dabei im Amphitheater ›Stierkämpfen‹ mit Kälbern beizuwohnen. Die Ölkrise 1973 machte dem Amüsierpark nach nur zwei Saisons den Garaus. Das Angkor Wat Ibizas mit seinen überwucherten Ruinen und Graffitis übt besonders in der Dämmerung einen recht morbiden Reiz aus.
An der PM 803 von Eivissa aus vor Sant Josep die erste Straße nach der Cepsa-Tankstelle rechts, dann links, die erste rechts und dieser Straße folgen, bis die Mauern des Geländes auftauchen (Betreten erlaubt).

Die Küste von Es Vedrà bis zur Cala Comte 🗺 B 4–6

Ab der Cala d'Hort mit der markanten Felseninsel Es Vedrà beginnt ein neuer Abschnitt des Sant-Josep-Cuartons: leider der etwas weniger attraktive. Die teilweise mit Bettenburgen gesäumte Küste kann man oberhalb passieren, sie hält aber auch nette Abstecher parat.

WAS TUN IM WESTEN?

Cala-Cruising
Die **Cala d'Hort** mit ihrem türkisfarbenen Wasser, dem traumhaft-weißen, mittelkörnigen Natursandstrand, guten Lokalen und dem Blick aus der von Steinfelsen umrahmten Bucht auf Es Vedrà ist ein Traum (wenngleich sie für Autofahrer in einer oft überlaufenen Sackgasse endet). Wer gleich dort seine Zelte aufschlagen möchte, kann im bescheidenen **Strandhotel Es Carmen** lustigerweise wie in einer Berghütte logieren – natürlich mit Bergblick: Jedes der recht schlichten, aber ordentlichen Zimmer hat eine grandiose Terrasse mit Blick auf Es Vedrà (T 971 18 74 49, mit sehr gutem Restaurant, €€).
Die steinige **Cala Carbó** und die **Cala Molí** sind weitere kleinodige Buchten – wie auch die kleine **Cala Codolar**, nicht zu verwechseln mit dem Kiesstrand am Flughafen.
An der krönenden **Cala Comte** gibt es alles, was man für einen Strandtag braucht: herrliches Wasser, einen traumhaften Blick, Ibizas neuesten Chiringuito und Restaurants.
Schließlich kommt schon im Einzugsgebiet von Sant Antoni der für viele schönste Strand Ibizas: die **Cala Bassa** mit einem schnurgeraden Strand vor einer Waldkulisse und dem einzigen Campingplatz an der Westküste.

49

Ibizas Bergwelt –
Tagesausflug zum Sa Talaïa

Stille. Natur. Nur ab und zu wird der leise Wind von einem einsamen Vogelschrei oder einem entfernten Motorengeräusch ›übertönt‹. Dichte Pinienwälder lösen sich mit breiten, fruchtbaren Ebenen ab, dazwischen stehen Zedern, Palmenbäume – als sollte man nicht vergessen, dass wir uns im Mittelmeer befinden. Rosmarin, Thymian und wilder Spargel wuchern wie Unkraut. Getoppt werden könnte das ›Höhenerlebnis‹ höchstens, wenn Sie einer Ginsterkatze begegneten – jener mysteriösen einheimischen Tierart, die man hier noch am ehesten antrifft.

Es muss nicht immer Strand und Meer sein: Wanderweg am Talaïa

Majestätische Berge, tiefe Täler, Totenstille zeichnen die Landschaft aus, die die Küste direkt landeinwärts mit Sant Antoni verbindet – aber fast alle Autofahrer kreiseln lieber über die kurvige Überlandstraße. Der **Camí de Benimussa** 1 ist etwas für Kenner und Naturfreunde. Die ganze Gegend ist nur von wenigen Finca-Bewohnern besiedelt und erweckt mit Erhebungen wie dem **Puig Gros** 2 (419 m) und dem **Puig de sa Pega** 3 (402 m) den Eindruck einer Berglandschaft. Ganz oben holt den wackeren Wanderer das berühmte Gipfelerlebnis ein, verbunden mit einem wildromantischen Traumblick. Etwa an der Kapelle **Sa Capelleta d'en Serra** 4 auf 393 Höhenmetern, die von einem tief religiösen Menschen namens Vincent Serra erbaut wurde, der sie als Dank für seine heile Rückkehr aus dem Ersten Weltkrieg errichtete. Auch wenn man sich quicklebendig fühlt: Auf Ibiza kommt man Gott selten so nah.

Der **Sa Talaïa de Sant Josep** 5 ist mit 475 m das buchstäbliche Highlight Ibizas. Nicht nur diese Tatsache sollte zum Marschieren verführen, sondern auch die traumhaften Panoramablicke. Sa Talaïa liegt etwa 2 km südwestlich von Sant Josep. Deshalb kann man den Berg von Sant Josep aus locker zu Fuß (oder mit dem Mountainbike) angehen. In einer Zwischensohle erschließt sich ein einsames, naturbelassenes Ibiza, von dort schwingt sich noch einmal ein recht steiler Weg auf den Berg. Geschafft! Hier oben ist der Blick herrlich – besser sogar als am wirklich höchsten Punkt des Berges, den man auf einem Weg über das Plateau erreicht (gut erkennbar an den Fernsehmasten). Keine Frage: Wer nach einer Durchquerung der Serra Benimussa immer noch meint, Ibiza sei überall überfüllt, dem ist nicht mehr zu helfen.

Los geht es in **Sant Josep** bei der **Bar Destino** ❶, von dort nach rechts und hinauf zum Hotel Los Jardines de Palerm, ab da ist der Weg ausgeschildert. Mit dem Mountainbike führt der Camí de Talaïa von Sant Josep hinauf (in Richtung Cala Vadella bis zur Abzweigung nach Cala Tarida, dort geht es links hinauf).

Die Straße durch die Serra ist nicht nur eine Abkürzung von Sant Josep nach Sant Antoni. Etwa in der Mitte teilt sie sich und weist beide Wege dorthin aus. Der rechte führt aber direkt zum Ortsausgang von Sant Antoni, sodass man sich die unattraktive Durchfahrt sparen kann.

ANFAHRT/DAUER

Der Camí de Benimussa ist die Verbindung zwischen der PM 803 Eivissa–Sant Josep und der C 731 Sant Antoni–Eivissa (jeweils rechts ab, auf die Beschilderung achten!). Zur Capelleta d'en Serra geht ein in Magenta markierter Wanderweg vom Camí de Benimussa ab. Beschreibungen der Touren im Internet (www.ibiza.travel: Nr. 19/Straßenrouten, Tour Nr. 5/Mountainbike)

sowie in den Touristeninfos. Dauer von Sant Josep auf den Talaïa etwa 1 Std., zurück 40 Min. Mit dem Mountainbike über den Forstweg sind es ab Sant Josep gut 40 Min. Wasser und Proviant nicht vergessen!

KULINARISCHES FÜR ZWISCHENDRIN

Bar Destino ❶: Carrer de Sa Talaïa 15/17, Mo–Sa 13–1 Uhr, ▶ S. 53

Faltplan: C/D 4–6 | ab Sant Antoni mit dem PKW bis Sant Josep

SCHLEMMEN, SHOPPEN, SCHLAFEN

 In fremden Betten

Nah am Wasser gebaut
Hostal Cala Molí
Bescheidenes Hostal. Clou ist der Meerblick, vom Pool und von allen Zimmern aus.
Urbanisación Cala Molí, T 971 80 60 02, www.calamoli.com, Mai–Okt., €–€€

Heißt wirklich so!
Landhotel Calador
Herzlich-österreichisch im Hotel-California-Stil.
Cala Carbó, T 971 80 84 24, www.caladoribiza.com, €€

 Satt & glücklich

Gerühmt
S'Espartà
Sehr beliebt und geschätzt, vor allem wegen der Paella und des Fischs.
Cala Tarida, Carretera a Cala Tarida Km 4, Richtung Sant Josep, T 971 80 02 93, www.restaurantesespartar.com, €€

Sant Josep C 5

Der idyllische Weiler Sant Josep de sa Talaïa wurde im Zuge einer generellen Renovierung vor einigen Jahren hübsch herausgeputzt. Die Tradition mit sonntäglichem Kirchgang und Sozialleben ist intakt geblieben. Es gibt nur ein schickes Hotel sowie mehrere beliebte Anlaufstellen.

SCHLEMMEN, SHOPPEN, SCHLAFEN

 In fremden Betten

Hausmanns Lieblingshäuschen
Jardins de Palerm
Die Finca aus dem 17. Jh. mit blumenreichem Garten, zwei Designerpools und nur neun Zimmern wirkt wie mitten in der Natur, liegt aber nur zwei Gehminuten vom Ortszentrum entfernt. Der deutsche Künstler und Dadaist Raoul Hausmann wohnte während seines Ibiza-Aufenthalts hier.
Can Pujol d'en Cardona, 34, T 971 80 03 18, www.jardinsdepalerm.com, €€–€€€

Kaum noch zu sehen: typische Ibiza-Kleidung aus früheren Zeiten

Satt & glücklich

Sant Josep hat vor allem stimmungsvolle Bars und Restaurants zu bieten, in denen es nicht sonderlich vornehm oder im Chi-Chi-Stil der Beachclubs zugeht, sondern eher zur Sache. Hier erholt man sich von der Hitze am Meer mit Getränken, Tapas, Musik und guter Stimmung.

Tapas-Bestimmung
Bar Destino
In der kultigen Bar erfährt der Gast eine Art Tapa-Beratung auf höchstem Niveau und in unglaublicher Vielfalt. Kult ist besonders der Freitag – da gibt's nicht etwa Fisch, sondern Couscous.
Carrer de Sa Talaia 15/17, T 971 80 03 41, Mo–Sa 13–1 Uhr, €–€€

Abhängen an der Straße
60 Grados
Neuer Treffpunkt für Einheimische, Residenten und Urlauber mit Mini-Lounge in der Mini-Flaniermeile von Sant Josep. Das Restaurant 60 Grados lädt zum Abhängen, Schauen und Genießen ein.
Carrer Pere Escanellas, 5, T 871 05 02 01, Di–So 19–1 Uhr, €€

Rustikal
Can Bernat Vinya/Raco Verd
Rustikal geht es im Einheimischen-Lokal Can Bernat Vinya (T 971 80 08 97) zu, wo man die Tapas unter schattigen Bäumen essen kann. Im Raco Verd (T 971 80 02 67, www.racoverdibiza.es) nebendran herrscht manchmal schon zum Frühstück oder Lunch Party-Stimmung. Hier hängt man mit dem Hintern fast auf der Straße und kommt schnell ins Gespräch. Bei Konzerten im Innenhof ist der Laden oftmals brechend voll.
Plaça de la Iglesia, €–€€

 Stöbern & entdecken

Ambiente und Geschenke
Pomelo
Es müssen nicht immer Kastagnetten sein … Neben hochwertigen und geschmackvollen Stoffen gibt es gutes Geschirr und verschiedene schöne Geschenkartikel.
Straße Eivissa–Sant Josep Km 11,5 (300 m hinter der Tankstelle), www.pomelo-ibiza.com, T 666 69 66 21

 Wenn die Nacht beginnt

Hip, hip, hippiesk
Sunset Ashram
Eine Institution in Sachen Sonnenuntergang ist das Sunset Ashram an der Cala Comte. Der Blick schweift über zwei Buchten, es herrscht meistens hippieske Party-Stimmung (oft mit Livemusik), und das lässt man sich in den kleinen Höhlenkojen gerne gefallen, auch nach einem herrlichen Tag an einem der schönsten Badestrände Iblzas.
T 661 34 72 22, www.sunsetashram.com, tgl. 10–24 Uhr

Sant Agustí des Vedrà ⌖ C 5

Das Örtchen unterhalb von Sant Josep de sa Talaïa hält sich von der Lage her vornehm zurück, ist aber wegen seiner schneeweißen Mauern und noch weißeren Kirche zwischen üppigen Blumen einen genussvollen Abstecher wert.

Seinen Ruf als Künstlerkommune besitzt Sant Agustí, weil der deutsche Filmer und das Aussteiger-Urgestein Hans Helfritz mit einigen Künstlerkollegen seit den 1950er-Jahren hier lebte. Die **Galerie Berri** zehrt noch von diesem Ruf, sie stellt Werke ibizenkischer und anderer europäischer Künstler aus (Mo–Fr 9–14, 17–20.30 Uhr, neben der Kirche). Sozialer Mittelpunkt ist die **Bar Berri,** das beste Restaurant am Platz das teurere, aber hoch-romantische **Can Berri Vell** (T 971 34 43 21). Berri ist übrigens der Name der einst mächtigsten Familie des Ortes.

Sant Antoni und der Norden

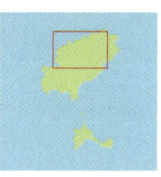

Armes Sant Antoni. Die Hafenstadt, in der die Fähren vom Festland einlaufen, auf der anderen Inselseite, gegenüber Eivissa, gilt als hässliche Außenstelle des England-Tourismus der nicht so feinen Art. Aber den Beer-And-Booze-Tourismus zwischen ›Westend‹ und ›Sunset Strip‹ weiß das Städtchen durch seine nähere, teils wild-romantische Umgebung wettzu-machen. Gleich im Anschluss an Café del Mar und kulinarische Erlebnisse im Hafen warten Wanderrouten und Felsbuchten auf ihre Begehung.

Sant Antoni de Portmany ☐ C/D 4

Die Atmosphäre im zweitgrößten Ort Ibizas erinnert an Junggesellenabschiede. Der eigentliche Urlaubsmoloch ist jedoch Port d'es Torrent gegenüber mit Billighotels, Vergnügungsparks und Nepplädern. Sant Antoni selbst ist Heimat des legendären Café del Mar und anderer Chill-outs, Einlaufhafen für Fähren vom Festland. In Richtung Norden wird die Küste wilder und romantischer, bis die Natur in der Ebene von Corona rund um die Weiler Santa Agnès und Sant Mateu zu Hochform aufläuft.

....

WAS TUN IN SANT ANTONI?

....

Entspannt das Leben feiern
Wer sich nach Port des Torrent vorwagt, trifft an **Sa Punta des Molí**, der alten Mühle am Meer, den letzten nostalgischen Flecken weit und breit an. Kaum zu glauben: Die Villa an der Mühle war für einige Zeit der Wohnsitz des deutschen Philosophen Walter Benjamin.

....

SCHLEMMEN, SHOPPEN, SCHLAFEN

....

⌂ In fremden Betten

Sporthotel
Hostal Florencio
Wer auf Ibiza Sport treiben will, liegt in dem bescheidenen Hostal goldrichtig: Mountainbikeverleih, Rad-Waschanlage und Reinigung für schmutzige Klamotten befinden sich direkt nebenan. Außerdem ist man sehr kooperativ, was Roller- oder Autoverleih angeht. Der Veranstalter Mammoth Ibiza bietet zudem geführte Radtouren an.
Carrer de Soledad, 32–38, T 971 34 07 23, www.hostalflorencio.com, Ausleihe von Mountainbikes 9,50–27,50 €/Tag, spezielle Wochen-

und Wochenend-Packages (Hotel und geführte Radtouren) n. V., €

Sonnenuntergang vom Zimmer aus
Hostal La Torre
In dieser Unterkunft etwas außerhalb am Cap Negret genießt man den Sonnenuntergang über der Insel La Conillera gleich vom Balkon aus. Das Restaurant bietet prima mediterrane Küche, auch für Nicht-Gäste.
Urbanización Cap Negret, Ctra. Cap Negret, 25, T 971 34 22 71, www.latorreibiza.com, €€

Buntes Leben und Treiben
Hostal Tarba & Bloom Restaurante ③
Mittendrin statt nur davor, mit Pool und eigenem Restaurant in einem stilvollen, bunten, lebendigen Hotel – so was hat man doch gerne.
Carrer de Ramón y Cajal, 20, T 971 34 02 16, www.hostaltarba.com, €

....

🍴 Satt & glücklich

Wenn in Sant Antoni neben der Sonne etwas untergeht, ist es die hohe Dichte hochkarätiger Restaurants – von ausgezeichneter traditioneller Küche in der Kirche bis zu coolen, quirligen Tapaläden in der wildesten Ecke.

In einer alten Kirche
Sa Capella ①
In einer alten Kirche, die nie geweiht wurde, tischen die Kellner in historischem Folklore-Outfit auf: gehobene mediterrane Küche, die auch schon Tom Hanks, Bruce Springsteen und Sting zu schätzen wussten.
Carretera Sant Antoni–Santa Agnès Km 1, T 971 34 00 57, Di–So 20–24 Uhr, €€€

Am Hafen
Villa Mercedes ②
In dieser Jugendstilvilla am Hafen genießen Sie vor romantischer Kulisse neben hervorragender Küche manchmal auch Livemusik wie Jazz und Modern Flamenco.
Passeig Maritim, T 971 34 85 43, www.villa mercedesibiza.com, tgl. 18.30–3 Uhr, €€–€€€

Die Legende 2.0
Space Eat & Dance ❸
Sechs Jahre lang war es sehr still um das legendäre Space, jetzt ist Ibizas Club-Legende zurück. Das Konzept des Gründers Pepe Roselló (▶ S. 120) ist einfach: Ibizas Nostalgie einfangen und wieder erlebbar machen. Dazu gibt es eine lokal geprägte, modern interpretierte Küche zu vernünftigen Preisen – und natürlich Musik.
Carrer General Balançat 23, T 871 11 27 79, www.spaceibiza.com, Di–So 12.30–3 Uhr, €€

Best Cuisine
Es Rebost de Can Prats ❹
Im Zentrum wartet das nicht ganz billige Es Rebost de Can Prats mit einem kleinen Rekord auf: Mit seiner modern interpretierten Ibiza-Küche lag es schon mal in den Top 150 der spanischen Restaurants.
Carrer Cervantes, 4a, T 971 34 36 04, www.esrebostdecanprats.com, tgl. außer Di 13–16 und 20–24 Uhr, €€

Schöner Innenhof
Es Ventall ❺
Richtig romantisch – das muss man bei der Lage dieses Restaurants inmitten der Stimmungshölle der City betonen – geht es im Es Ventall zu. Man sitzt im Innenhof und genießt modern interpretierte, ibizenkische Küche. Das vielleicht spannendste Lokal der Insel!
Carrer Cervantes, 22, T 971 34 17 29, www.restauranteesventall.com, tgl. außer Mi 13–16 und 20–24 Uhr, €€–€€€

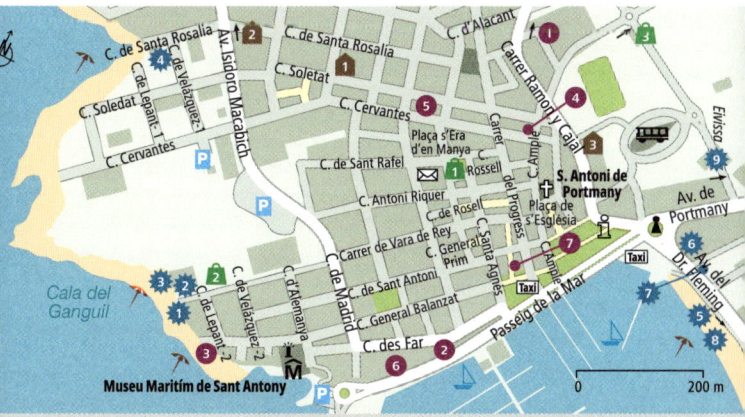

SANT ANTONI DE PORTMANY

In fremden Betten
❶ Hostal Florencio
❷ Hostal La Torre
❸ Hostal Tarba & Bloom Restaurant

Satt & glücklich
❶ Sa Capella
❷ Villa Mercedes
❸ Space Eat & Dance
❹ Es Rebost de Can Prats

❺ Es Ventall
❻ Rita's Cantina
❼ Rincón de Pepe

Stöbern & entdecken
❶ Art & Mercat
❷ Café del Mar Fashion
❸ Can Rich

Wenn die Nacht beginnt
❶ Café del Mar
❷ Café Mambo
❸ Mint Lounge Bar
❹ Golden Buddha
❺ Kumharas/Playa Pinet
❻ Eden
❼ Paradis
❽ Plastik-Ibiza
❾ Pikes Ibiza

Soundtrack für den Sonnenuntergang – **Café del Mar**

Das Café del Mar ist eigentlich eine Katastrophe: Nicht weit entfernt parken Lastcontainer, nur eine heruntergekommene Mietskaserne begegnet dem Spaziergänger am zweitberühmtesten Sunset Strip zwischen der Bucht Caló des Moro und der City von Sant Antoni …

… aber man soll ja aufs Meer schauen, auf die vorgelagerten Inseln an der Cala Comte. Wie an einem unsichtbaren Faden geführt, fallen die Menschen vom Beach in die Brache ein, sichern sich auf den zackigen Steinen vor dem Café mit Sitzkissen einen guten Platz, besorgen sich etwas zu trinken, packen den Picknickkorb aus und tun sonst nur drei Dinge: hören, schauen, warten – auf den einen kleinen täglichen Ohrgasmus, wenn der letzte leuchtende, die Seele wärmende Schlitz der Sonne hinter den schnurgeraden Horizont herunterfällt. Und der Prediger in der DJ-Kanzel setzt diesem Augenblick an seinen Reglern das musikalische Glanzlicht auf.

Butterweich geregelt

Als musikalischer »Erfinder des Sonnenuntergangs« (Süddeutsche Zeitung) gilt der DJ José Padilla. Der Legende nach schmeißt er 1975 als Hilfskellner die Serviette in die Ecke und nimmt im Hafen von Barcelona die nächstmögliche Fähre – nach Ibiza. Dort öffnet er einen eigenen Club, das Museum. Das Discoleben bewegt sich noch in bescheidenen Bahnen, ist doch der Discosound gerade erst ›salonfähig‹ geworden. Als jedoch 1980 in Sant Antoni das Café del Mar ❶ eröffnet, stellen die Betreiber zum Anlocken von Laufpublikum Musikboxen vor die Tür und beschallen die leere Szenerie mit Pop- und Rockmusik. 1991 beginnt Padilla, in dem Jugendstilladen als DJ aufzulegen. Und je mehr er in dieser Tätigkeit versinkt, umso öfter ›versenkt‹ er mit seiner Musiksteuerung akustisch die Sonne am Horizont.

Am Café del Mar zelebriert jeder den Sonnenuntergang auf seine Art.

Er kreiert einen neuen Sound: sanft statt hektisch, butterweich statt discostampfig. Mit jedem Untergang der Sonne steigt die Stimmung. Immer mehr Menschen strömen zum Café del Mar. Padilla nimmt Kassetten auf und nutzt sein DJ-Pult als Verkaufsstand. Schließlich spricht sich der Sunset-Sound herum. Die Urlauber stellen ihre Uhrenwecker, um auf die Minute genau zum Sonnenuntergang an Ort und Stelle zu sein und zu erleben, wie sich Mutter Sonne unter Padillas Reglern verabschiedet, als würde ein riesiger Vorhang fallen.

Immergrün chillen

1994 dann der erste Sampler »Café del Mar«. Seitdem geht ein Klang um die Welt, der Beiläufigkeit und Entspannung mit melodiösem Gestus und frei improvisiertem Konzept von Techno-DJs verbindet: Ibiza-Urlaub fürs Wohnzimmer, Musik auf Kuschelkurs. Alles, was danach kam – Lounge und Chill-out – findet im Café del Mar seinen Ursprung. Padilla selbst ist schon lange nicht mehr von der Partie. Bis zu seinem Tod 2020 betreibt er einen eigenen Radiosender mit elektronischer Entspannung in der Dauerschleife, immer frisch, wie wenn man gerade aus dem Meer kommt (www.ibizasonica.com, 95,2 FM). Und mitten hinein sagt er: »Ich weiß übrigens auch nicht, was gleich passiert.« Nur der Sonnenuntergang, der kommt garantiert wieder: morgen um fast die gleiche Zeit. Auch wenn Padilla gegangen ist – seine Musik bleibt.

INFOS

Café del Mar 🔵**:**
Calle Vara de Rey, 27,
www.cafedelmaribiza.es,
www.cafedelmarmusic.com

Faltplan: C 4 | **Cityplan:** Sant Antoni ▶ S. 58

Drei Kreuze machen? Der Nordosten Ibizas ist ideal für motorisierte Ausritte.

Treffpunkt
Rita's Cantina ❻
Bekommen Sie schon mal zu unorthodoxen Tageszeiten Hunger? Das quirlige, kleine Hafencafé direkt am Hafen verpflegt Nachteulen mit Kater und Tagestouristen – hier gibt's Kaffee, Bier und flüssige Vitaminbomben, Frühstück und ein günstiges Tagesgericht.
Carrer Madrid, 1, T 971 34 33 87, https://ritas ibiza.com, tgl. 8–1 Uhr, €

Tapa-Himmel
Rincón de Pepe ❼
Steht Ihnen der Sinn eher nach typischen Tapas? Die gibt es eigentlich in jeder Bar, oder ganz professionell in der Selbstbedienungsbar Rincón de Pepe. Ein paar Häppchen, eine Copa Rotwein, mehr braucht's nicht zum Glück!
Carrer de Sant Mateu, tgl. 13–24 Uhr, €

· ·

 Stöbern & entdecken

Stöbern
Art & Mercat ❶
Kunst- und Handwerksmarkt nördlich der Kirche in der Altstadt, im Angebot sind insbesondere Bilder, Schmuck, Taschen und Kleider.
Placa s'Era d'en Manya/Carrer Rosell, Fr ganzjährig 18–24, Okt.–Mai 10–16 Uhr

Reiche Auswahl
Café del Mar Fashion ❷
Wer zu Sunset und DJ-Beschallung auf den Geschmack kommt, findet hinter dem Café del Mar eine todschicke Merchandising-Oase: u. a. die berühmten Sampler, geschmackvolle Beach- und Leisure-Klamotten, Trinkgläser mit dem Schriftzug des Café del Mar.
Carrer Vara de Rey, 27, direkt hinter dem Café-del-Mar-Neubau, www.cafedelmarfashion.com

Das Accessoire zur Musik
Can Rich ❸
Etwas außerhalb lockt die Aussicht auf eine Weinprobe im Weingut Can Rich, dem ersten rein biologischen der Insel. Auf 17 ha werden neben traditionellen Reben wie Monastrell und Malvasier mittlerweile auch die Klassiker Rioja, Cabernet Sauvignon und Chardonnay gezogen. Neben dem Weinkeller gehört eine Bodega dazu, die auch *hierbas* und Olivenöl verkauft.

Camí General, s/n, T 971 80 33 77, www.
bodegascanrich.com

....

 Wenn die Nacht beginnt

Legendär
Café del Mar ❶
Sant Antoni hat einen eigenen Musikstil
erfunden – den Café-del-Mar-Sound
(www.cafedelmarmusic.com), das
Original aller Chill-out-Produktionen.
Die softpopjazzigen Klänge, häufig von
namhaften Interpreten gemixt, haben
hier ihren Siegeszug durch die Welt
angetreten (▶ S. 58).

Mehr Bum-Bum
Café Mambo ❷
Rund um das Café del Mar haben sich
einige Ableger etabliert, die ebenso mit
DJ-Klängen dem Sonnenuntergang einen
musikalischen Soundtrack unterlegen –
wie das Café Mambo nebenan, das oft
fürs Pacha und Amnesia einheizt.
Carrer de Vara del Rey, www.cafemamboibiza.
com

Chill-in
Mint Lounge Bar ❸
Die an das Mambo angeschlossene
Mint Lounge Bar schlägt zu Cocktails,

NÖRDLICH WIRD'S CHILLIG

Etwa 2 km hinter der Stadtgrenze
Richtung Cala Salada (ausge-
schildert) geht es durch eine
Wohnsiedlung hinunter auf einem
Wanderpfad zur **Punta Galera**
(›Galeerenspitze‹), in der Sant
Antonis *working class* vom Kellner
bis zum DJ vor ihrer Nachtschicht
gerne ausspannt. Nicht weit
entfernt, nur über Pfade erreichbar:
die Bucht mit dem inoffiziellen
Namen **Cala Yoga.** Der Hippiename
stammt von den zahlreichen Yogis,
die hier regelrecht vorkonstruierte
Yoga-Plattformen mit Aussicht aufs
Meer vorfinden.

---

italienischem Soul Food und Funk eher
ruhigere Töne an.
Carrer de Vara del Rey, T 971 59 59 03, www.
mintloungeibiza.com

Im Sound baden
Golden Buddha ❹
Abgeschlossen wird der Trip auf dem
Sunset Strip vom Golden Buddha, das
eine sehr entspannte Atmosphäre bietet,
außerdem ist dies das einzige Chill-out,
wo Sie direkt ins Meer gehen können.
Carrer de Santa Rosalia, 35, Caló des Moro
(im Hotel Blaupark), T 971 34 56 33, www.
goldenbuddhaibiza.com

Entspannung bis der Arzt kommt
Kumharas/Playa Pinet ❺
Hippiesker geht es zu im Sunset-Res-
taurant **Kumharas**, einer Art Burg mit
Boutique, Restaurant und Tanzfläche
(Carrer de Lugo, 2, www.kumharas.
org) gegenüber in Port d'es Torrent (am
deutlich sichtbaren Wehrturm) oder am
Strand **Platja Es Pinet.**

Tanzen bis zum Umfallen
Eden/Es Paradis/Plastik-Ibiza
Noch nicht genug von Musik, Cocktails
und Abendstimmung? Dann kann es
eigentlich immer weitergehen. Wer mit
dem **Eden** ❻ (Carrer Salvador Espriu,
s/n, www.edenibiza.com, Eintritt ab
40 €) oder dem **Es Paradis** ❼ (Carrer
Salvador Espriu, s/n, www.esparadis.
com, Eintritt ab 40 €) die einzigen
Großdiscos außerhalb des Dunstkreises
von Eivissa besuchen möchte, kann mit
Tausenden Tanzwütigen und teilweise
hochkarätigen DJ-Line-Ups rechnen.
Vorgeglüht wird in der legendären Bar
Plastik-Ibiza ❽ (Carrer des Caló, 47),
die zum zweiten Mal umgezogen ist.

Legendäre Party-Finca
Pikes Ibiza ❾
Freddie Mercury hat hier seinen
41sten Geburtstag gefeiert, George
Michael mit Wham! das Video für Club
Tropicana gedreht, Grace Jones war
Stammgast. Sie alle und noch viele
mehr hatten eine Affäre (oder auch
mehr) mit dem 2019 verstorbenen

Folge dem Ruf der Natur – **Plá de Corona**

Kaum zu glauben, aber wahr: Gleich nördlich vom Urlaubsmoloch Sant Antoni erschließt sich einer der schönsten und bizarrsten Naturabschnitte Ibizas – am besten zu entdecken auf dem Waldweg hinauf zur Ebene von Corona. Auf diesem Naturtrip kann man zudem wunderbar ins Wasser springen, dichte Wälder und einen der besten Meerblicke genießen.

Beginnen wir doch gleich mit einer Erfrischung: Schon die zu Fuß von Sant Antoni erreichbare **Cala Gració** 1 lädt zum Baden ein. Wer gerne nackt badet, findet etwas weiter nördlich an der **Punta de sa Galera** 2 einen 20 m breiten Trassenstrand. Den Höhepunkt der hübschen Buchten nördlich von Sant Antoni bildet jedoch die **Cala Salada** 3, und hier befindet sich auch der Einstieg des Wanderwegs hinauf nach Santa Agnès de Corona. Mit dem Auto nimmt man die Zufahrt zur Cala Salada über die Straße Richtung Santa Agnès, dann geht es recht kurvig hinunter ans Meer.

Eine der schönsten Buchten der Insel und ideal für den Sonnenuntergang: die Cala Salada mit Blick auf die Cala Comte

Die versteckt gelegene **Cova de ses Fontanelles** 4 (auch als Cova des Ví bezeichnet) ist bekannt

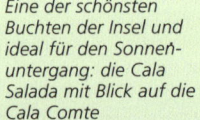

für ihre Graffitti, die ein wohl karthagischer oder römischer, auf jeden Fall recht gelangweilter Wachsoldat auf verlorenem Posten angefertigt hat.

Das höchste der Gefühle

Unter dem Rauschen des entfernten Meeres und der Wälder sowie dem Gezirpe von Zikaden betreten wir die Corona-Ebene. Dort wartet der buchstäbliche Höhepunkt: **Heaven's Gate** `5` an der Punta Rota. Der Begriff stammt aus Hippiezeiten – schnell wird klar, wie es zu diesem Namen kam: Der Blick von hier aus übers Meer und die Felsformationen von Ses Margalides ist noch mal besser als von anderen Aussichtspunkten.

Eine Erfrischungsgelegenheit bietet das einfache Lokal **Las Puertas del Cielo** `1` in 1A-Lage, und kulturell Interessierte werfen nebenan einen Blick auf die umzäunten Reste der einzigen erhaltenen arabischen Siedlung **Penya Esbarrada**, ein Bauernhof aus dem 12. Jh., der nach der Reconquista 1235 verlassen wurde. Weiter geht es über das Sträßchen nach **Santa Agnès** `6` (▶ S. 64), einem Weiler mit wunderschöner Kirche und einem weiten Blick, am besten von der **Bar Cosmí** `2` aus. Von ihrem Balkon aus entfaltet die Corona-Ebene ihre ganze Schönheit.

Ein spezielles Erlebnis ist eine geführte Nachtwanderung rund um Santa Agnès. Sie findet im Winter bei Vollmond statt, damit man die weiß leuchtenden Mandelblüten sieht. Nur mit vorheriger Terminvereinbarung, im Voraus zu buchen über die örtliche Fremdenführer-Vereinigung (T 971 30 26 05, mobil 687 88 97 93, www.guiasibiza.com).

INFOS

Rückweg: Der Bus verkehrt nur selten, T 971 34 04 12 (17–19 Uhr), www.ibizabus.com, Linie 30.

KULINARISCHES FÜR ZWISCHENDRIN

Las Puertas del Cielo `1`: Camí des Plá Corona Km 1,5, T 680 96 47 96, tgl. 11.30–22.30 Uhr, im Winter bis Sonnenuntergang, €–€€

Bar Cosmí `2`: im Herzen von Santa Agnès de Corona, T 971 33 99 20, tgl. außer Di bis spät, im Winter nur bis 22 Uhr, €. Szenetreff des Nordens mit inselweit gerühmter Tortilla und hauseigenem *hierbas*.

Faltplan: C/D 2/3

Tony Pike. Eine Legende – Tony und seine Party-Finca.

Camí de Sa Vorera, T 971 34 22 22, www. pikesibiza.com

Santa Agnès de Corona ⚏ D 3

An der T-Kreuzung mit Wehrkirche sagen sich Fuchs und Hase gute Nacht, doch es gibt auch ein Schwein – sowie einen Edelschuster und einen In-Treff.

Wer richtig Eindruck schinden möchte im ›wilden‹ Norden Ibizas, könnte cool mit dem Motorrad an der **Bar Cosmí** (▸ S. 63) vorfahren, sich beim Wirt Toni eine Tortilla bestellen und gegenüber bei Manfred Postél im Cas Sabater (▸ S. 64) die beim letzten Besuch in Auftrag gegebenen maßangefertigten Schuhe aus feinstem Leder abholen – hier, mitten in der Pampa, die sich Corona nennt und an der Sichtachse auf die weite Ebene auch eine Kulisse aus »Spiel mir das Lied vom Tod« abgeben könnte. Einige Angeber gibt es wirklich, den meisten aber reicht die Tortilla und ein von Toni großzügig eingeschenkter *hierbas* zur Rechnung.
Allerdings sollte man sich einen Blick in die **Església Santa Agnès de Corona** gönnen, vor allem wegen des Schweins: Auf einem Altarbild wird dem einstigen Haustier gedankt, das früher wichtiger war als ein Hund. Ob die rosa Tierchen auch Alarm gaben, wenn mal wieder Piraten die wenigen Bewohner dazu veranlassten, sich in der Kirche zu verschanzen, die Leitern hochzuziehen und hoffnungsvoll auf Gott zu vertrauen, ist nicht überliefert.

🍴 Bodenständig
Sa Palmera
Die Variante zur Bar Cosmí serviert ibizenkisch-rustikale Hausmannskost teilweise unter freiem Himmel.
Zwischen Bar Cosmí und Cas Sabater, mittags und abends ab 20 Uhr, im Winter geschl., €

🛍 Ambiente und Geschenke
Cas Sabater
Vor dem dritten Haus des Weilers steht meist ein roter Renault 4, wie ihn früher Studenten fuhren: ein farbiger Hinweis auf das edle Schuh- und Schmuckgeschäft Cas Sabatèr von besagtem Manfred Postél, der tatsächlich hier in der Pampa handgemachte Lederprodukte von Schmuck bis zu klassischen Herrenschuhen aus Rind- und Kalbsleder herstellt.
Plaza Corona 3, T 971 80 50 51, www.cas-sabater.com, Schuhe nach Maß 600–800 €

Sant Mateu d'Albarca ⚏ E 3

Der Dreh- und Angelpunkt der Gemeinde Sant Mateu in der Ebene Camp Vell besteht ebenfalls aus einer Kreuzung mit Wehrkirche, vielleicht die eleganteste ihrer Art auf Ibiza. Sonst ist da eigentlich nicht viel. Allerdings kommt man schon halb berauscht von der Fahrt durch den hügeligen Norden an und kann sich beim Besuch zweier Bodegas (▸ S. 66) und der weiten Ebene von Mateu noch weiter ›verfahren‹.

Wandern zur ›Chinesischen Mauer Ibizas‹
Was kaum einer weiß: Zur Reconquista flohen die Mauren zunächst ans **Cap d'Albarca** und bauten dort eine Ringfestung. Die Wanderung dorthin ist abenteuerlich und führt vom Dorfkern (beschildert) oder gleich mit Wanderführer Toby Clarke auf die Lost-City-Tour (T 608 69 29 01, www.walkingibiza.com, auch bei Mondschein oder per Kayak). Auch nur zu Fuß oder übers Wasser erreichbar ist die benachbarte Bucht **Es Portitxol.**

🏨 Wild und ruhig zugleich
Agroturismo Can Pujolet
Das familiär geführte Luxus-Landhotel steht mitten im Wald und beherbergt

nur vier rustikal-geschmackvoll eingerichtete Doppelzimmer und Suiten, jedes Zimmer mit großzügiger Terrasse fürs Frühstück. Außerdem Garten, Pool und eigene Bar.

An der Straße zwischen Santa Agnès und Sant Mateu, T 971 80 51 70, www.ibizarural.com, €€€

🔴 Gemeinsam gut essen
Juntos House

Viele vermissen das Can Cires und können sich mit dem hippen Nachfolger nicht so richtig anfreunden, doch man sitzt hier wunderschön und kann hervorragend essen – es lohnt sich, dem Juntos (dt. ›gemeinsam‹) eine Chance zu geben! Mit funky Outdoor-Cocktail-Bar, Picknickgarten und Boutique.

Im Ortskern, Mi–So, T 699 72 89 72, www. juntosibiza.com, €€–€€€

🔴 Unkompliziert
Ses Casetes Art Café

Hier wurde ein ehemaliger Lebensmittelladen mit Bar leicht umfunktioniert

und modernisiert. Die traditionellen Gerichte schmecken im schönen Garten mit Blick auf die Kirche geradezu himmlisch.

Camí de S Pla, 2, direkt unterhalb der Kirche, T 971 80 50 85, €–€€

Sant Miquel de Balansat ⌖ F 2

Das von Bergen umgebene Sant Miquel ist ein unscheinbares Dorf, das sich nie völlig dem Tourismus hingegeben hat. Es ist auch nicht besonders groß, aber vergleichsweise riesig gegenüber den kleinen Weilern. Der unterhalb gelegene Hafen ist kaum einen Abstecher wert – höchstens die eindrucksvolle Tropfsteinhöhle Cova de Can Marçà. Von dort führt eine traumhafte Route an der Steilküste entlang weiter zur berühmten Hippie-Trommlerbucht Cala Benirràs.

Jeder kann mitmachen: Sonntagstrommler in der Cala Benirràs.

Wasser predigen, Wein trinken – **rund um Sant Mateu**

Wer meint, Ibiza sei ausgedörrt, muss sich eines Besseren belehren lassen. Besonders der Norden ist ein Quell der Freude, was Wasser- und Wein-Tourismus anbetrifft.

Möchten Sie das wilde, bäuerliche Ibiza erleben? Ein Abstecher durch die bergigen, bewaldeten Szenerien von **Es Amunts** mit Pinienwäldern, Ackerland und Weinbergen präsentiert ein archaisches Ibiza, in dem Bauern noch von dem leben, was auf dem Feld gedeiht.

Ibizenkischer Wein

Tatsächlich ist die Region um Sant Mateu die fruchtbarste Gegend Ibizas und die perfekte Kulisse für einen Trip wie im Roadmovie »Sideways«. Besonders das Weingut **Can Maymó** 🛈 des Winzers Toni Costa und die Bodega Sa Cova, in der die beiden jüngsten Weingüter Ibizas, **Ojo de Ibiza** 🛈 und Blacknose (www.blacknose.net) ihre hochpreisigen Rotweine keltern, tun sich hervor. Auch das bekannteste Weingut der Insel, **Ibizkus** (www.ibizkus.com) baut seine Trauben rund um Sant Mateu an. Lassen sich einfach mal auf die heimischen Tropfen ein, die Qualität ist großartig.

Auf dem perfekten Weintrip von Sant Antoni nach Sant Mateu

Gehen Sie zur Quelle

Wenn Sie zu Hause etwas zu erzählen haben wollen, was abseits der Ibiza-Klischees und erwartbaren Sehenswürdigkeiten liegt, sollten Sie zur ›Quelle‹ gehen. Es ist ja erstaunlich genug, dass Ibiza nie besonders ausgetrocknet wirkt und zum Großteil mit dichten Wäldern bedeckt ist. Würden Sie glauben, dass die Ebene von Sant Mateu einmal ein See war? Wohl spätestens, wenn Sie die maurische Wasseranlage von **Es Broll** 🟥1 gesehen haben: Orangen- und Zitronenhaine gedeihen in dem engen Tal am Flüsschen Torrent Buscatell, für Touristenbusse unzugänglich. Die Zisternen und Kanäle bilden eine der ältesten Bewässerungsanlagen aus maurischer

Sie können den Weg über Es Broll und Sant Mateu auch gut mit dem Mountainbike absolvieren – auf einem Rundtrip über die Berge.

Wasser gibt's genug, um Ibizas würzige Weißweine und zarte Rosés hervorzubringen.

Zeit. Die Terrassenfelder sorgen mit ihrem raffinierten Leitsystem dafür, dass neben all dem anderen, was der Bauer so anbaut, auch Wein gedeiht: Öko von gestern, das bis heute funktioniert und die Umwelt schonend behandelt. Man kann das burgähnliche Gelände teilweise begehen, und man staunt, wie gut es heute noch funktioniert.

ANFAHRT/INFOS

Can Maymó ℹ️: ab Sant Mateu ausgeschildert, T 971 80 51 00, www.bodegascanmaymo.com

Ojo de Ibiza 2: Carretera Sant Mateo, s/n, T 625 54 09 11 www.ojoibiza.com

Es Broll 1: von Sant Antoni Richtung Sant Mateu, bis rechts am Abzweig ein Schild in Richtung Buscatell weist. Bei der Kreuzung der PM V 812-2 geradeaus auf dem Wanderweg bleiben. Er führt von der Quelle Es Broll nach Sant Mateu. Dauer: ab der Kreuzung 30 Min. Sie können den Wanderweg auch mit dem Auto befahren, aber er ist relativ beschwerlich (teilweise eng, Steigungen).

Von Sant Mateu: dorfauswärts ein Stück auf der Straße PMV 804-1, kurz hinter dem Abzweig SN 2 rechts in den Wald hinein. Wegstrecke etwa 40 Min.

Mountainbikeverleih bei IbizaBTT in Sant Antoni am Hotel Fiorencio, Carrer de la Soledat, 32, T 971 34 89 49, Näheres auf www.ibizabtt.com.

KULINARISCHES FÜR ZWISCHENDRIN

Das Restaurant **Es Camp Vell** 1 in Sant Mateu (▶ S. 65) ist für viele die kulinarische Belohnung nach der Wandertour.

Faltplan: D/E 3/4

Highlight am Wegesrand zur Cala de Benirràs: die Cova de Can Marça

WAS TUN IN SANT MIQUEL?

Ibizas Traditionen erleben

Wenn man überhaupt noch eine ursprüngliche Ibiza-Kluft vorgeführt bekommt, dann wohl am ehesten in der vielleicht bodenständigsten Ortschaft der Insel: z. B. bei Aufführungen des ibizenkischen Volkstanzes, bei dem der Mann wie ein Gockel um die Frau hüpft. Der Tanz ist ein ähnliches Balzritual wie das, bei dem potenzielle Ehemänner bei der Familie der Angebeteten vorsprachen und die Braut entführten, wenn sie keinen Erfolg hatten – spätestens dann war die Sache klar.

Donnerstein!

Auf dem Kirchplatz lohnt es sich, genauer hinzusehen: Eine graue Bodenplatte links vom Eingang zeichnet sich durch kleine schwarze Flecken aus – die Männer schossen früher auf den *mac des tro* (›Donnerstein‹), um auf dem inoffiziellen Heiratsmarkt des Dorfes Eindruck zu schinden.

Església de Sant Miquel

Vom Naturhafen Port de Sant Miquel aus ist die mächtige Wehrkirche gerade noch sichtbar – reine Berechnung, damit die Glockentöne bei einem Piratenüberfall noch hier gehört wurden.

Im Sommer Mo–Sa 10–14 und 15–20, im Winter Di–Fr 9.30–13.30 und 16.30–19 Uhr, Messe Sa 18.30, So 11 Uhr, Tanzvorführung in der Saison Do ab 18.15 Uhr, 5 €

Schmuggeln, trommeln, träumen

Sant Miquel ist nicht eben reich an touristischen Besonderheiten, wenige Ausflügler verschlägt es hierher. Dafür ist die Umgebung reich an interessanten Einfällen. Die Tropfsteinhöhle **Cova de Can Marçà** (Apartado de Correos 25, T 971 33 47 76, ganzjährig tgl., 10,50 €) etwa wurde früher von Schmugglern als Warenlager benutzt und ist heute wieder (fast) in ihren ursprünglichen Zustand zurückversetzt: Highlight ist mit Sicherheit der Wasserfall, der nun wieder so sprudelt wie vor 100 000 Jahren.

Was Schmuggler in der Gegend sicher nicht praktiziert haben, ist es, unter Dehnen des Körpers den Blick über die bewaldeten Berge oder übers Meer schweifen zu lassen. Dafür ist die Gegend heute ein wahres Yoga-Paradies – es gibt vielerlei professionelle Retreats, um ›in den Hund zu gehen‹ und angesichts der Wälder ›die

Tanne im Wind‹ zu geben. Oftmals dienen sie auch zur Übernachtung und bieten mehrtägige Kurse an.

Und dann wäre da noch die schönste Bucht hier oben im Norden, die berühmte **Cala Benirràs,** in der schon Nina Hagen barfuß am Strand geheiratet hat – vermutlich unter dem großem Getrommel, für das die Bucht berühmt ist (heute vor allem sonntags und nicht mit professionellen Trommlern).

....
SCHLEMMEN, SHOPPEN, CHILLEN
....

 Satt & glücklich

Dolce vita und Romantik
La Luna ne'll Orto
Geboten wird liebevoll zubereitete, hochwertige italienische Kuche unter Baumdächern oder im hübsch dekorierten Innenbereich.
Carretera del Puerto, am Ortsende Richtung Port de Sant Miquel, T 971 33 45 99, www. lunanellorto.com, €€€

Pizza-Kunst
Pizzart
Auf den ersten Blick eine typisch spanische Kneipe mit Fliesenboden und Neonlicht. Auf den zweiten Blick die vielleicht beste Pizzeria der Insel.
Carrer Joan Planells i Torres, 1, T 971 33 40 83, €–€€

Brot und Spiele
Can Sulayetas
Der Duft von Grillfleisch liegt eigentlich immer in der Luft. Dienstags vermischt er sich mit dem Aroma gerösteter Sardinen. Die eigentliche Spezialität aber sind die Montaditos, also kleine belegte Brötchen – nur eben viel besser.
An der Straße zwischen Sant Miquel und Isla Blanca, T 971 33 45 67, www.can-sulayetas-ibiza. com, €

Geheimtipp im Norden
Can Cameta
Das gleichermaßen unkomplizierte wie charmante Ambiente auf den beiden Terrassen eines Landhauses am Kirchenhügel mitten in Sant Miquel begeistert ebenso wie der freundliche Service von Gastgeber Eduardo. Der beschreibt seine Küche als mediterran mit asiatischen und lateinamerikanischen Einflüssen. Kein Wunder, dass es hier neben großartigen Steaks die unserer Meinung nach beste Ceviche der Insel gibt.
Carrer de Missa, 10, Sant Miquel, T 871 50 42 20, €€

Portinatx 🔖 G 1

Der Küstenort hat sich zum hippen Urlaubstreff auch junger Leute in Ibizas Norden entwickelt. Der breite Ortsstrand hat hinter einer schmalen Felszunge links einen kleineren Ableger, den schönen, von Felsen umschlossenen Naturhafen Cala es Port, der zu einem Tauch- und Romantik-Urlaub einlädt.

....
WAS TUN IN PORTINATX?
....

Im ganz am Ende einer kleineren Bucht gelegenen romantischen Hotel **Los Enamorados** (›die Verliebten‹, T 971 33 75 49, www.losenamoradosibiza. com) können Sie vom Zimmer aus fast die Füße ins Wasser baumeln lassen – allerdings zu Honeymoon-Preisen. Wer am Tauchen Spaß hat, kann die Tauchschule **Subfari** (T 971 33 75 58, www.subfari.net) nebenan nutzen, da es unter Wasser wirklich was zu staunen gibt, von der Höhle des Lichts bis zur berühmten Kathedrale.

Und Yoga-Freunde werden im Schneidersitz eins mit der Natur: Ein paar Fußminuten vom Ortskern entfernt lassen Sie etwa bei **Yoga Ibiza Hella** (T 971 33 32 54, www.yogaferienibiza. de) in sehr angenehmem Ambiente die Seelen baumeln. Nach der morgendlichen Entspannung wird gemeinsam gefrühstückt, und man kann auch direkt hier übernachten.

#9

Orgien und Mysterien mitten im Wald – **die Höhle Es Cuieram**

Freiheit, Götterverehrung – und vielleicht ein bisschen Sex: Die Höhle Es Cuieram ist eine Art vorgegriffene Hippie-Kultstätte. Sie verehren in den Berghöhlen noch heute die punische Göttin Tanit.

»Die Kultstätte der Tanit hatte Priester, Priesterinnen, Beamte und Diener zu ihren Diensten. Unter den Diensten gab es Knaben und Mädchen, die die heilige Prostitution ausübten, um den Schatz der Göttin zu bereichern«, legt sich der Inselhistoriker Mario Planells fest. Aussteiger mit Götterfiguren und freier Liebe im Gepäck: die Punier als frühe Hippies? So kann es zumindest anmuten, vor allem weil es ins Hippie-Weltbild der 1970er-Jahre passt.

Göttin der Liebe und der Fruchtbarkeit

Archäologen definierten die Tropfsteinhöhle nach Ausgrabungen 1909 als Kultstätte der phönizischen Karthager, die seit 654 v. Chr. die ›Insel des Bes‹ als Handelsposten nutzten. Die Höhle weist natürlicherweise die typische dreigeteilte Struktur antiker Heiligtümer auf: Eingangshalle, äußerer Saal und ein zentrales Sanctorum, das den Hohepriestern für heilige Rituale vorbehalten war. Die Höhlenräume dienten seit etwa 425 v. Chr. über drei Jahrhunderte hinweg als Kultstätte: zunächst zu Ehren des Gottes Resef-Melkart, dann der Göttin Tanit. Astarté, wie ihr ursprünglicher phönizischer Name lautete, war die Göttin der Liebe und der Fruchtbarkeit. Tanit beherrschte den Himmel, den Mond und als Göttin der Fruchtbarkeit auch den Regen.

Dass hier etwas ›abgegangen‹ ist, daran besteht kein Zweifel. In den Räumen der Höhle wurden Juwelen, Schmuck, Leuchter, Inschriften, die Asche der Priesterinnen sowie etwa 1000 Keramikstücke und 600 Terrakottafiguren gefunden, manche noch mit einer Goldschicht überzogen. Höhepunkt ist der Fund der beeindruckend lebhaften

Ä
ÄHEM …

Hippies nutzen die Höhle angeblich nicht allein wegen ihres beliebten Tanit-Kultes, sondern in Würdigung ihrer Eigenschaft als Fruchtbarkeitsgöttin – zum Sex.

Tanit-Skulpturen, die heute im Archäologischen Museum in Eivissa stehen (▶ S. 21). In einer nahe gelegenen Finca fand man sogar das voll ausgestattete Grabmal eines Tanit-Dieners.

Im punischen Heiligtum

Vermutlich liegt der Grund für die stille Verehrung in den Kulten, die ihr in den Anfangszeiten der Zivilisierung Ibizas dargebracht wurden: Vom Gottesdienst bis zur Sexmesse sind der Vorstellungskraft keine Grenzen gesetzt. So beschrieb Mario Planells in »Geheimnisse Ibizas von A bis Z« übliche Rituale zu Ehren »unserer Lieblingsgöttin Tanit« in allen Facetten, die der »wollüstigen« Göttin zugesprochen werden. Ob sie jemals in dieser Höhle stattgefunden haben, wissen die Götter – vermutlich ging die Fantasie mit Planells etwas durch.

In der dunklen, kühlen Höhle, die man erst nach einer holprigen kleinen Wanderung erreicht, bedarf es einiger Einbildungskraft, um sich vorzustellen, was hier abgegangen sein soll. In der Aussteiger- und Hippieszene spielt Tanit aber bis heute eine tragende Rolle. Von der Finca-Verzierung bis zum Töpferladen ist Tanit auf der Insel so allgegenwärtig wie der Chill-out-Buddha. Der Mythos lebt.

Bitte nicht enttäuscht sein, wenn Sie vor verschlossenen Gittern stehen: Manchmal bleibt die Höhle einfach geschlossen. Betrachten Sie Ihren Einsatz als schöne Wanderung …

Der Göttin Tanit werden in der Höhle nach wie vor Devotionalien und Opfergaben wie Blumen oder frische Früchte zugedacht.

INFOS/ÖFFNUNGSZEITEN
Von Cala de Sant Vicent rechts (bzw. Sant Vicent de sa Cala links) der Beschilderung folgend den Berg hinauf. Vom Parkplatz noch ca. 10 Min. zu Fuß (9.30–13.30 Uhr, Eintritt frei).

KULINARISCHES FÜR ZWISCHENDRIN
Es Cafè Casa Pepe kurz vor Sant Vicent de sa Cala ist schön gelegen, gemütlich und bietet thailändische Küche (Can Vicent de Sa font, 1, T 971 32 01 34, €).

SCHLEMMEN, SHOPPEN, SCHLAFEN

In fremden Betten

Großherzig
La Cigüeña
Eines der großen Hotels am Platze, das
nicht mehr auf Pauschalbuchungen setzt.
Familie Torres bietet Zimmer (nach vorne
laut!) und Apartments, Pool und Fitnessraum wie bei den großen Nachbarn.
Platja s'Arenal Petit, T 971 32 06 14, www.
laciguenya.com, €

Satt & glücklich

Alles fresh und chillig
Chiringuito/Restaurante El Puerto
Gut, günstig, frisch und direkt vor dem
Hafen – ideal für den Sundowner.
Ctra. Vénda de Portinatx, 104, ganz hinten am
Ende des Dorfes, T 971 32 07 76, €

Sechster Sinn
Six Senses The Beach Caves
Die perfekte Location für ein romanti-
sches Dinner am Meer – auch für all die,
die sich kein Zimmer im derzeit wohl
besten Hotel der Insel leisten können.
Camí de Sa Torre, 71, Sant Joan de Labritja,
T 871 00 88 75, €€€

Rund um Sant Joan de Labritja

🗺 G–J 1/2

**Eine Straße, die sich bergauf durch
die wenigen Häuser zieht, eine
Wehrkirche, ab und zu läuft ein
Hund über den Weg: Das ist Sant
Joan, wie es leibt und lebt. Und
dann ist da noch der sonntägliche
Hippiemarkt, der charmanteste
der Insel!**

WAS TUN RUND UM SANT JOAN?

Ganz in die Natur eintauchen
Die meisten Reisenden passieren Sant
Joan und ziehen weiter: in die Cala
Benirràs, in die gemäßigten Ferienorte
Portinatx und Cala de Sant Vicent oder

All you need is a Bully and a Boogie Board – ab in die Fluten von Portinatx

auch in die gebuchte Finca – was wir nur empfehlen können, wenn man zu mehreren ist. Hier oben liegen viele Fincas in den Bergen, was die Anfahrt vielleicht erschwert, aber die Umgebung versöhnt schnell wieder damit: Einfach vor die Tür gehen und loswandern, Bergblicke genießen, Fahrradtouren oder Ausritte unternehmen. Am Ende gelangt man im Optimalfall an einen schönen Strand. **North Ride Ibiza** bietet sogar Ausritte an, bei denen man am Ende eines schönen Rittes über die Berge samt Pferd im Wasser landen kann. (Zwischen Sant Joan und Portinatx, von der alten Straße abgehend, nahe der Cala d'en Serra, T 669 60 40 83, www.northride-ibiza.com, Ausritte z. B. Bergzauber (ganzjährig) 55 €, im Sommer inkl. Sonnenuntergangspicknick 90 €). **Horse Valley**, Lloc Can Batista, s/n, T 680 62 49 11, nur zu buchen über www.ibizahorsevalley.com, Ausritt ca. 4 Std., lange Hosen und Turnschuhe o. Ä. sind jeweils erforderlich.

Ein paar weitere kleine Tipps liegen auf den bergigen Wegen zwischen Sant Joan und Portinatx: In der **Cala d'en Serra** haben zwar Spekulanten-Bleichgesichter eine Bauruine gesetzt, aber der steile Abstieg lohnt sich, um eine der unberührtesten Buchten des Nordens zu entdecken. Von der Cala d'en Serra aus führt außerdem ein Weg direkt am Meer entlang zum Leuchtturm **La Moscarter**, dem markanten Signalgeber mitten in der Landschaft von Portinatx.

Entscheidet man sich von Sant Joan aus eher für die östliche Richtung nach **Cala de Sant Vicent**, schlängeln sich die Pfade und Straßen durch eine weitläufige Berglandschaft bis weit hinunter ans Meer.

Auf einem Berg vor der Küste haben die Götter ihren Wohnsitz, und zwar in der **Höhle von Cuieram**, wo schon vor Tausenden von Jahren Ibizas Göttin Tanit (▶ S. 70) verehrt wurde. Sogar Sexorgien sollen ihr zu Ehren stattgefunden haben. Die 390 m weite, arenaförmige Strandbucht von Cala de Sant Vicent ist zwar von Hotelkästen gezeichnet, aber atmosphärisch ist

das nicht ganz so schlimm wie die Großbausiedlungen weiter südlich. Natur- und Wanderfreunde kommen spätestens bei einem Ausflug zu den 174 m hohen Klippen der **Punta Grossa** auf ihre Kosten.

SCHLEMMEN, SHOPPEN, SCHLAFEN

 In fremden Betten

Stadthotel im Dorf
Gare du Nord
Ein Geheimtipp im Norden: Das ganzjährig geöffnete Boutiquehotel mit geschmackvoll puristisch eingerichteten Zimmern. Sehr empfehlenswert ist auch das dazugehörende gleichnamige Restaurant!
Carrer de sa Cala, 11, Sant Joan, T 619 25 11 06, www.garedunordibiza.com, €€

 Satt & glücklich

Rustikaler Charme
Vista Alegre
Sozialer Treffpunkt aller Einheimischen und Hippies. Einfache Bar, netter Service, ehrliche ibizenkische Küche.
Plaça d'Espanya, Sant Joan, T 971 33 30 08, €

Wochentreff und Insel-Institution – **der Hippiemarkt**

Die Hippiemärkte sind aus Ibiza nicht wegzudenken und schon allein wegen ihrer Besucher und Betreiber sehenswert: den alten und jungen Hippies, die schon längst zu Ibizas Gesellschaft gehören.

1954 beschloss Bauer Juan in Sant Carles, den umliegenden Bewohnern auf seinem Grundstück einen Social Club für gesellschaftliche Events von Tanz und Taufe bis zu (vom Priester genehmigte) Filmvorführungen einzurichten: **Las Dalias** 🔒, benannt nach den schönen Blumen rund um das Anwesen. Später, als in den 1970er-Jahren die Hippies nach Ibiza strömten und selbst gemachten Schmuck und Kunst verkauften, um damit ihren Lebensunterhalt zu verdienen, kam Sohn Juanito die Idee, den bereits florierenden Hippiemarkt von **Es Canar** 🔒 einfach zu kopieren.

So begann auf Las Dalias der Handel mit Leder, Schmuck und Ringen, ganz zu schweigen von der Adlib-Mode, Haarbändern und Röcken, die noch heute in Läden und auf den Märkten ihre Abnehmer finden. Die rüschigen, flatternden Umschlagtücher, Espadrilles und Strohhüte der Einheimischen wurden durch die Verschmelzung mit Hippie-Chic schlagartig zur Mode, als 1971 die jugoslawische Schauspielerin und Promi-Adlige Smilja Mihailovitch in Adlib-Kleidung als förmliche Botschafterin den neuen Ibiza-Stil in der ganzen Welt bekannt machte. Vorher hatte José Colomar, Ibiza-Vizepräsident für Tourismusförderung, die Marke ›adlib‹ erfunden, deren Namen auf den lateinischen Ausdruck *ad libitum* (nach Belieben) zurückgeht. Nach wie vor sind Adlib-Klamotten auf den Hippiemärkten präsent.

Las Dalias wurde neben dem Hippiemarkt Schauplatz von Konzerten und anderen Veranstaltungen sowie das wichtigste Kommunikationszentrum in diesem Teil der Insel. Damals prägte die Hippiekultur auch die Rockmusik. Juanito baute

---

K KOMISCH

Lust, im ehemaligen Wohnhaus eines waschechten Komikers und Hippiefans zu übernachten? Die frühere Finca des **Agroturismo Can Talaias** 🔒 gehörte dem englischen Filmkomiker Terry-Thomas (der Bindestrich ist eine Hommage an seine Zahnlücke), bekannt aus Filmen wie »Eine total, total verrückte Welt« oder »Tollkühne Männer in ihren fliegenden Kisten«). Von Sant Carles kommend auf der Straße nach Es Figueral nach 2 km erste Möglichkeit rechts, ab dem Spar-Supermarkt dem Wiedehopf folgen (T 971 33 57 42, www.cantalaias.com, €€–€€€).

neben Las Dalias daher ein Musikstudio auf, das Größen wie Mike Oldfield oder Bob Geldof anzog, bis es 1989 abbrannte. Las Dalias aber blieb ein legendärer Hippiemarkt, bis heute: Im Hochsommer drücken sich bis zu 20 000 Menschen täglich an 200 Ständen vorbei. Ein Relikt im alten Stil mit Nachtmarkt und Namasté-Party – auch wenn dort früher vermutlich mehr abging, vor allem in Richtung Gras und freie Liebe.

Mit dem Ende der Hippie-Ära trennte sich schnell die Spreu vom Weizen: die einen, die blieben und merkten, dass Herumhängen nicht alles ist, und jene, die zurückgingen, in der Heimat einen ›anständigen‹ Beruf ergriffen und vielleicht heute ein schickes Apartment auf Ibiza ihr Eigen nennen, das örtliche Anbieter von der Armatur bis zum Yoga-Raum einrichten.

Irgendwann hat auch der letzte Hippie gemerkt, dass man ganz ohne Geld langfristig nicht auskommt. *Los peluts* (die ›Langhaarigen‹), wie man die Hippies auf Ibiza nennt, sind auf dieser Insel auch ohne den Marsch durch die Institutionen in der Gesellschaft angekommen. Sie gehören hier nicht nur dazu, sie prägen die moderne ibizenkische Kultur und sind so typisch wie Chillouts oder Megadiscos – jeder Zeit ihren Stil.

Von Nepal-Fähnchen bis zu Windspielen: Ibiza mag es bunt und verspielt.

INFOS/ÖFFNUNGSZEITEN

Las Dalias ⓘ: etwa 1 km außerhalb von Sant Carles in Richtung Santa Eulària, Km 12, www.lasdalias.es, ganzjährig Sa 10–20 Uhr, im Sommer auch So–Di Nightmarket ab 19 Uhr

Es Canar ② : Club Punta Arabí, auf der Halbinsel Punta Arabí, südlich außerhalb des Zentrums, www.hippymarket.com (zeitweise außer Betrieb), während der Sommerzeit Mi 10–19 Uhr. Der Flohmarkt von Es Canar ist mit seinen bis zu 400 Ständen nicht die schönste, aber der größte und erste Hippiemarkt vor Ort. Ursprüngliches Ambiente oder hochwertiges Kunsthandwerk sucht man vergebens. Das Meiste kommt dann doch aus China und ist industriell gefertigt.

KULINARISCHES FÜR ZWISCHENDRIN:
Bar Anita ① : ▶ S. 77

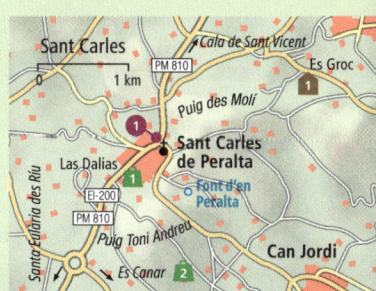

Die typischen Ibiza-Accessoires gibt's auf den Hippiemärkten in Hülle und Fülle.

Aufregend unaufgeregt
Shamarkanda
Leckereien im Tapas-Stil aus den verschiedensten Kulturen, dazu Liebe und Freude – was braucht man mehr!
Sant Joan, Lugar Venda de Ca's Ripolls, 34, T 696 08 04 86, www.sharmarkandaibiza. com, €€

Elegant im Hippieland
The Giri Café
In dem geschmackvoll eingerichteten Designer-Restaurant ist alles ›mit Liebe gemacht‹ und aus regionalen Zutaten.
Plaça d'Espanya, 5, T 971 33 34 74, www.cafe. thegiri.com, April–Okt., €€€

Großer Fisch
S'Illot des Rencli
Ohne Frage eines der besten Fischlokale an der gleichnamigen Bucht mit toller Aussicht, ideal zum Sonnenuntergang.
Ctra. Vénda de Portinatx Km 25, T 971 32 05 85, €–€€

Relaxt essen
The Boathouse
Spin-Off des gegenüberliegenden On the Beach mit Schwerpunkt auf veganer und leichter Küche. Im rustikalen Bootshaus-Stil, von Jay, einem Spross niederländisch-ibizenkischer Hippie-Eltern geführt. Top-Adresse auch für Frühstück und Brunch!
Carrer Cala Sant Vicente, 3, www.theboathouse ibiza.com, T 971 32 42 45, €€

Sant Carles und Umgebung 🗺 H/J 2–4

Als zentrale Heimat der Hippies ist Sant Carles in jedem Fall einen Besuch wert. Von hier aus geht es zu malerischen Stränden, von der Platja des Figueral bis zur Cala Nova, wo nur Urbanisationen wie Can Jordi von der Idylle ablenken. Es Canar (Es Canyar) ist im Unterschied zu Sant Carles eines der größten Touristenzentren auf Ibiza und höchstens wegen des wöchentlichen Hippiemarktes Punta Arabí eine Anlaufstelle. Dafür fischt hier einer der berühmtesten Schnauzbartträger der Welt, der sogar den König im Regen stehen ließ …

WAS TUN IN SANT CARLES?

Hippie-Hopping

Die Spuren des Hippiebooms finden sich auf Ibiza besonders geballt auf den Hippiemärkten. Am ›Originalschauplatz‹ in Sant Carles kann man zudem beobachten, wie sich die verbliebenen Hippies mit den Einheimischen sozial verbündet haben.

Und das ist nun kein Geheimtipp, aber ein Muss: **Bar Anita** (Kreuzung PM 810/Cala de Sant Vicent, T 971 33 50 90, tgl. 7.30–2 Uhr, €). Das lauschige Restaurant ist eine Art Hippie-Museum. Aus der Telefonzelle baten die Hippies früher ihre Verwandtschaft um eine Geldsendung, damit sie bei der geduldigen Anita ihren Deckel bezahlen konnten. Und die gesamte Post des Umlands landet nach wie vor in den dunkelbraunen Holzschränken. Nicht weit entfernt liegt der schönste Hippiemarkt von Ibiza, **Las Dalias** (▶ S. 74).

Der zweite große Hippie-Anlaufpunkt sind die Strände bei Sant Carles, allen voran der einzige offizielle **FKK-Strand** Ibizas neben Es Cavallet im Südosten. Die wilde, oft weiß schäumende **Aigües Blanques** (Aguas Blancas) gibt der Bucht ihren Namen.

Auch an der **Cala Boix** liegen Nackte und halbwegs Angezogene friedlich nebeneinander, und sie ist für uns eine der schönsten Buchten Ibizas. Warum? Vielleicht, weil die anderen ›Schönsten‹ der Insel als solche zu bekannt sind, um noch einen Hauch ›einsamer Bucht‹ mitzubekommen — und weil man von links und rechts geschützt mal ein paar Züge nach draußen schwimmen kann.

Weiter südlich liegt an einem schilfigen Sumpfgebiet die winzige Bucht **Cala Mastella**. Das Strandlokal El Bigote hat es allerdings in sich (s. r.). Danach kommt nicht mehr viel — da man auf der Straße geradeaus gen Süden mehr oder weniger in der Sackgasse eines Touristenkomplexes landet, biegt man lieber wieder ins schöne, ebene Hinterland ab.

SCHLEMMEN, SHOPPEN, SCHLAFEN

⌂ Vintage-Campen
Camping Playa de Cala Nova

Charmanter Campingplatz in typischem Ibiza-Twist mit Bar, Restaurant und kleinem Supermarkt. Es gibt zudem Holzbungalows zu mieten sowie einen Scooter- und Autoverleih.

Cala Nova, auf der Höhe der Bucht im Hinterland, T 971 33 17 74, www.campingcalanova.com, €–€€

⊗ Vier Freunde
Nudo

Nicht Schnickschnack, sondern eine authentisch ehrliche, dabei dennoch raffinierte Küche. Hinter diesem Konzept stehen Jess, Edo, Jose und Frankie — drei Köche und ein Sommelier, deren Wege sich in Kopenhagen im jahrelang besten Restaurant der Welt, dem Noma, kreuzten.

Carretera Club Figueral, 48, T 971 32 69 91, www.nudoibiza.com, €€

⊗ Beim Barte des Propheten
El Bigote

Der berühmteste Bart (bigote) Ibizas gehört einem Kiosco-Besitzer, der sogar schon König Juan Carlos eine Absage erteilte – Ihre Majestät hatte nicht reserviert. Gekocht wird in großen Töpfen über dem offenen Feuer, serviert in zwei Schichten. Ab 11 Uhr gibt es eine Fischplatte vom Grill und um 14 Uhr den ibizenkischen Fischtopf Bullit de Peix.

An der Mole von Cala Mastella, oben an der Straße an einem großen aufgemalten Schnauzbart (bigote) zu erkennen, T 650 79 76 33, im Sommer tgl. mittags 11–18 Uhr, €–€€

INFOS

Fähren: Der Verkehr nach Formentera findet eigentlich ab Eivissa und Sant Antoni statt, mit einer Ausnahme: Santa Eulalia Ferry fährt auch ab verschiedenen Buchten der (Nord-)Ostküste. Nähere Infos unter www.ferrysantaeulalia.com.

Santa Eulària und die Mitte

Ibizas familienfreundlichste Stadt mit einem vornehmen Jachthafen und dem ›heiligen Berg‹ vor der Tür bietet Einkaufsstraßen und eine weitläufige Strandpromenade. Aber auch das Hinterland macht Appetit: Eine Landstraße und ein Dorf mit Restaurants wie an der Perlenschnur sorgen für die Qual der Wahl zwischen ibizenkischer Landküche und den nahezu orgiastischen Vergnügungen der MediterrAsian-Küche. Egal, wo man Urlaub macht: In Ibizas Mitte trifft sich alles.

Santa Eulària des Ríu 🗺 H 4

Schon bei der Anfahrt erhebt sich majestätisch der Kirchenhügel Puig de Missa, der sich unübersehbar vor die eigentliche Stadt wölbt. Nach der Einfahrt über die Brücke Pont Vell aus der Römerzeit manövriert man sich aber schnell in die Gegenwart eines spanischen Alltags, mit Geschäften für den täglichen Bedarf, Menschengewusel auf der Rambla und der üblichen Parkplatznot. Die Rambla (Passeig S'Almera), der vornehme Jachthafen und die gepflegte Uferpromenade laden aber ein, mal wieder Stadtluft zu schnuppern.

··

WAS TUN IN SANTA EULÀRIA?

··

Tanzen

Wenn man mal wieder Asphalt statt Sand unter den Füßen spüren möchte, das Bio-Shampoo ausgeht oder das Bedürfnis nach deutscher Salami steigt, ist ein Rundgang in Santa Eulàrias City die perfekte Lösung. Wer mehr pragmatisch als romantisch veranlagt ist, folgt am besten der Umgehungsstraße um den Puig de Missa und dann den Parkempfehlungen, so ist man gleich drin im Geschehen. Wer im Sommer fährt, bekommt an jedem 1. und 3. Samstag im Monat auf der Plaça d'Espanya vor dem Rathaus den traditionellen **Volkstanz** Ibizas vorgeführt.

Shoppen

Rund um die **Plaça Isidor Macabich** können Sie weit über den touristischen Bedarf hinaus hochwertig einkaufen – vor allem um die Carrer Macabich. Zwischen Carrer de Molins und Carrer del Mar reihen sich Markenboutiquen, bekommt man Schuhe oder Einrichtungsideen (Becker, Carrer Rodríguez de Valcárcel, 9, oder Artnatur, Carrer Sant Jaume, 70), sehr selten auf Ibiza: Blumen (Floristería Virginia, Carrer del Mar, 3) und vieles

mehr für den gehobenen Bedarf.

Relaxen

Oder möchten Sie sich mal wieder körperlich rundum verwöhnen lassen? Dann legen Sie doch einen Spa-Tag im Hotel **Aguas de Ibiza** (Carrer Salvador Camacho, 9, T 971 31 99 91, www.aguasdeibiza.com) ein. Wie der Name schon sagt, ist Wasser in allen Schattierungen Leitmotiv des ökologisch erbauten Fünf-Sterne-Hotels: Thalassotherapie, Wellness und Sauna, vor allem diverse Massagen und Anwendungen, Beauty und Kosmetik lassen die von der Sonne vielleicht allzu verwöhnte Haut wieder regenerieren. Hier liegt atmosphärisch auch wieder ein Hauch Business in der Luft mit dem architektonisch interessanten Kongresszentrum nebenan und dem mondänen Jachthafen an der Front.

··

SCHLEMMEN, SHOPPEN, SCHLAFEN

··

🏠 **In fremden Betten**

Die kleine englische Art
La Bohemia del Rio
Kleines Boutique-Hostal mit Pool und Garten, quasi eine Oase der Ruhe in der tobenden Saison mit persönlicher Atmosphäre. Adults only. Gelungene Mischung aus Ibizenk- und Kolonialstil. Sehr freundliches Personal.
Carrer del Sol, T 971 33 86 49, www.labohemiadelrio.com, im Winter geschl., €

··

🍴 **Satt & glücklich**

Wenn der Hunger ruft, erwartet Sie Santa Eulàrias Fressgasse, die Fußgängerzone **Carrer de Sant Vicent,** die aber nicht durchgehend den Charakter der berüchtigten Schinkenstraße in El Arenal auf Mallorca aufweist.

Gucken, wie sie gucken
The Royalty Café ❶
Als Starter empfiehlt sich The Royalty Café, um Ausschau zu halten und zu

SANTA EULÀRIA DES RÍU

Sehenswert
1 Església Es Puig de Missa
2 Museu Etnològic de les Illes Pitiüses
3 Museu Barrau

In fremden Betten
1 Hotel Aguas de Ibiza
2 La Bohemia del Rio

Satt & glücklich
1 The Royalty Café
2 Café Sidney
3 Pepita
4 Ve Café
5 El Naranjo
6 Mezzanotte
7 Amante
8 Casa Colonial
9 Casa Kika
10 Finca Ecologica Can Musón
11 Cas Pagès

12 Babylon Beach
13 Aiyanna

Stöbern & entdecken
1 Metzgerei Werner Salewski

Sport & Aktivitäten
1 Divestar Ibiza
2 Kandani
3 Golf de Ibiza

---

frühstücken, Kuchen zu essen oder den ersten Longdrink des Tages zu schlürfen.
Carrer Sant Jaume/Ecke Plaça de Espanya, T 971 33 18 19, Sommer 8–1, Winter 8–23 Uhr, €

Poser-Klassiker
Café Sidney ❷
Er ist wieder da – Fivissas ehemaliger Angebertreff. Außer der Adresse hat sich nicht viel geändert: Jachthafenatmosphäre, edle (aber immer noch bezahlbare) Speisen, und natürlich Posing von früh bis spät.
Puerto Deportivo, Local 1B, T 971 33 22 14, tgl. außer Di 9–23.30 Uhr, www.cafesidney-eulalia.com, €€

Art of Dining
Pepita ❸
Hier zaubern der mehrfach ausgezeichnete britische Küchenchef Dave Bone und seine Partnerin Paola De Gregorio saisonal wechselnde Menüs. Dazu gibt es außergewöhnliche Weine. Das Pepita ist auch eine Plattform für die Künstler der Insel.
Carrer de Marià Riquer Wallis, 6B, www.pepitaibiza.com, €€

Mindful brunchen und lunchen
Ve Café ❹
Das zum W Hotel gehörende Ve Café an der Promenade hat sich eine *mindful*

11

Die Akropolis von Santa Eulària des Ríu – **Puig de Missa**

Santa Eulàrias Puig de Missa (›Kirchenhügel‹) und das ethnologische Museum nehmen Sie mit auf eine Zeitreise. In tiefen Zügen atmet dort oben das alte Leben der Insel: zweifellos eines der spektakulärsten historischen Monumente der Pityusen.

Sie ist gewaltig und beeindruckend, die dominante Kulisse, die sich auf dem Weg nach Santa Eulària des Ríu in den Vordergrund schiebt: Wie eine vorgelagerte, in Weiß getauchte Burg erhebt sich der Puig de Missa, der ›Kirchenhügel‹ vor Santa Eulària. Auf dem nur 52 m hohen Hügel thront die äußerlich imposanteste Wehrkirche Ibizas, die **Església Es Puig de Missa** 1 aus dem Jahr 1568. An dieser strategisch bedeutsamen Stelle stand schon zu maurischen Zeiten eine Moschee – als Xarc, das Gebiet um Santa Eulària, noch unter arabischer Herrschaft stand. Nach der Rückeroberung durch die Spanier entstand im 14. Jh. auf ihren Trümmern eine Wehrkirche, die allerdings 1555 türkischen Piraten nicht standhalten konnte. Erneut wurde sie bis auf die Grundmauern niedergerissen.

Mit dem Bau einer neuen Kirche wurde vermutlich der Architekt Giovanni Batista Calvi, der Erbauer der Stadtmauer Eivissas, von Philipp II. beauftragt. Ein Solitär in weiter Ferne, denn ein Ort namens Santa Eulària existierte bis dahin noch nicht. Erst als Bischof Eustaquio de Azara das Land um die Kirche erwarb und Häuser baute, in denen sich nach kurzer Zeit die ersten Familien niederließen, wurde Santa Eulària zu einem Dorf mit gleichem Namen. 1833 wurden die Gemeindegrenzen endgültig festgelegt und Santa Eulària Hauptsitz der gleichnamigen Gemeinde. Geweiht ist die Kirche entsprechend der hl. Eulalia, die unter römischer Herrschaft als Märtyrerin starb. Im 17. Jh. kamen die zwei Seitenschiffe sowie die für das ländliche Soziallebe wichtige

Frische Luft schnappen: Karfreitagsumzug in Santa Eulària

Von außen spektakulärer als von innen: Kuppel auf dem Puig de Missa

Vorhalle *(porxo)* hinzu. Vor allem diente sie als Wehrkirche – wenn sie in dieser Funktion für die Menschen hier nicht sogar wichtiger war. Selten wurde eine Kirche in einem solchen Maße als Verteidigungsanlage gegen Angreifer konzipiert. Zeitweise befand sich sogar ein festes Waffenarsenal im Inneren, mit dem man aus den Scharten die Angreifer in Schranken wies.

Inselalltag und -kunst

Im **Museu Etnològic de les Illes Pitiüses** 2 erschließt sich die Seele Ibizas: die Mühsal der Arbeit bei der Salzgewinnung in den Salinen, die Olivenernte, aber auch Mode, Schmuck und Tanz – letzterer in Originalfilmen aus früheren Zeiten: Ein Blick in das Museum lohnt sich auf jeden Fall, um ein Gefühl dafür zu bekommen, wie das Leben auf den Pityusen früher ablief.

Mit Abstrichen gilt das für auch das private Kunstmuseum, das **Museu Barrau** 3, mit Bildern des aus Barcelona stammenden Malers Laureá Barrau, der lange in Santa Eulària lebte. Falls Sie die Türen verschlossen vorfinden: Ärgern Sie sich nicht zu laut, der Künstler liegt um die Ecke auf dem Friedhof begraben. Der Weg zum Museum lohnt sich trotzdem – allein schon wegen des Blicks über den Ort und die weite Bucht von Santa Eulària und die Nordostküste bis hinüber zur Insel Tagomago.

INFOS/ÖFFNUNGSZEITEN

Església Es Puig de Missa 1**:** offizieller Zugang über den Carrer de Sol, von dort in Serpentinen hügelaufwärts. Die Kirche ist regelmäßig am So 11 Uhr zur Messe geöffnet, sonst n. V.: T 971 33 00 71.
Museu Etnològic de les Illes Pitiüses, Finca Can Ros 2**:** unterhalb und auf der Rückseite der Kirche Puig de Missa gelegen, T 971 33 28 45, April–Sept. Mo–Sa 10–14, 17.30–20 Uhr, Okt.–März Di–Sa 10–14, So 11–13.30 Uhr, 20. Dez.–20. Jan. geschl., Eintritt frei
Museu Barrau 3**:** gegenüber der Kirche, Di–Sa 10–14 (im Winter bis 13.30) Uhr, 1,20 €

Paradiesisch: Auf den Waldwegen erschließt sich ein ganz anderes Ibiza.

nutrition (achtsame Ernährung) auf die Fahnen geschrieben. Aber keine Angst: Was hier an gesunder Kost auf die Teller kommt, schmeckt nicht nur Hipstern! Paseo Maritimo, T 871 556 885, www.vecafe ibiza.com, €€

Orangerie
El Naranjo ❺
Oberhalb der Carrer de Sant Vicent bietet sich in einem Innenhof ein mit einem Orangenhain ausgestattetes Kreativrestaurant der ersten Stunde für ein romantisches Dinner an, mit Highlights aus europäischen Küchen. Carrer Sant Josep, 31, T 971 33 03 24, Di–So Sommer 18.30–23.30, Winter 13.30–15.30, 19.30–23.30 Uhr, €€

Nicht nur bei Halbmond
Mezzanotte ❻
Hübsch ist auch das kleine Bistro zum atmosphärischen Draußensitzen. Passeig de s'Alamera, 22, T 971 31 94 98, €–€€

Chillig
Amante ❼
Etwas südlich liegt mit dem Amante Ibizas intimster Beachclub und eines der besten Strandrestaurants der Insel. Im Sommer gibt's täglich um 9 Uhr Yoga inklusive anschließendem Frühstück. Sol d'en Serra Beach, T 971 19 61 76, www.amanteibiza.com, Mai–Okt., €€€

Aller Herren Länder
Casa Colonial ❽
An der Ausfallstraße Richtung Eivissa finden Sie zur Linken auf einem Hügel Wolfgangs Casa Colonial, die gerne auch zu Events und Hochzeiten genutzt wird – ein ästhetischer Mix aus Chill-out und Buddha-Style in einem Park. Und die Küche erst: Im thailändisch-europäisch-französischen Küchenmix gibt es Spezialitäten aus dem Wok oder dem Olivenholzofen. Straße Santa Eulària–Eivissa Km 2, T 971 33 80 01, www.casa-colonial-ibiza.com, Di Ruhetag, Menü (mit fünf kleinen Vorspeisen und einem Hauptgericht) €€€

Die Essenz von Ibiza auf den Tellern
Casa Kika ❾
Eine gesunde und leichte Küche, wobei stets das Produkt, möglichst von der Insel und immer saisonal, im Mittelpunkt steht. Man speist in einem

traumhaften Garten. Zur Casa Kika gehört auch ein kleiner Laden mit Mode und Interior Design.

Diseminado P 10 Santa Eulària, T 628 12 74 85, €€

Top
Finca Ecologica Can Musón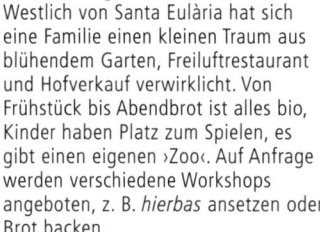
Westlich von Santa Eulària hat sich eine Familie einen kleinen Traum aus blühendem Garten, Freiluftrestaurant und Hofverkauf verwirklicht. Von Frühstück bis Abendbrot ist alles bio, Kinder haben Platz zum Spielen, es gibt einen eigenen ›Zoo‹. Auf Anfrage werden verschiedene Workshops angeboten, z. B. *hierbas* ansetzen oder Brot backen.

Santa Eulària, Es Coloms, 98 (Von der EI200 Richtung Meer, ausgeschildert), T 971 33 93 46, www.ibizacanmuson.com, €–€€

Traditionell, fettarm
Cas Pagès ⑪
Wohl eines der besten traditionellen Restaurants Ibizas im Fonda-Stil, geführt von den Schwestern Carmen und Lucia, die ihre Gäste zu Hause in ihrem Keller mit *sobrasada* und anderen regionalen Spezialitäten bewirten. Wer kein Fleisch liebt, ist hier allerdings falsch.

Höhe Cala Pada, Carretera San Carlos, PM-810 Km 10, T 971 31 90 29, www.caspages.es, €–€€

Bio-Beachbar
Babylon Beach ⑫
Vom grünen Salat bis zum Bio-Burger *by the sea*: In dem Beachrestaurant mit Beachbeds kann man schon mal den ganzen Tag versumpfen.

Barrio Sa Caleta, 20 (nicht verwechseln mit Sa Caleta im Süwesten), T 971 33 21 81, www.babylonbeachbar.com, €€

Jung und schön
Aiyanna ⑬
Traumhaft schönes Beachrestaurant im peruanisch-ibizenkischen Boho-Stil, hat 2017 den »White Ibiza Award« abgeräumt. Das Restaurant ist zwar alles andere als günstig, dafür kann man hier im Vergleich zu den anderen

schicken Beachclubs (Plastik-)Liegen zu den offiziellen Preisen (unter 10 €) mieten. Tipp: die Yogakurse vor der Strandkulisse mit opulentem Frühstück danach.

Avinguda Cala Nova, s/n, T 971 33 04 56, www.aiyannaibiza.com, Yogakurse (30 €) Mo, Mi, Fr 9 Uhr/Eintreffen um 8.45 Uhr, €€€

Stöbern & entdecken

Hier geht's um die Wurst
Metzgerei Werner Salewski
Weit über die Stadt hinaus bekannt ist Werner Salewski, der auch andere deutsche Spezialitäten wie sein bei Einheimischen begehrtes Sauerkraut ansetzt.

Carretera Santa Eulària Km4, Mo–Fr 9–14 Uhr

☼ Sport & Aktivitäten

Einfach mal abtauchen
Divestar Ibiza ❶
Von Es Vedrà bis Tagomago locken Ibizas Tauchspots mit bizarren Höhlen und einem großen Artenreichtum. Divestar Ibiza bietet Tauchkurse (auch für Kinder) und geführte Tauchgänge.

Santa Eulària, T 971 33 67 26, www.divestar-ibiza.com

Auf zwei Rädern
Kandani ❷
Hier können Sie sich Räder leihen, um die größtenteils flache Gegend zu erkunden, oder auch per Mountainbike auf einen geführten Höhentrip gehen.

An der Landstraße nach Es Canar, T 971 33 92 64, www.kandani.es; Räder (City, Trekking) ab 15 €/Tag, bei einer Woche Anmietung 10 €/Tag, Mountainbikes ab 17 €/Tag, Rennräder ab 40 €/Tag

Einlochen
Golf de Ibiza ❸
Wenn Sie lieber den Schläger schwingen, werden Sie auf diesem 27-Loch-Golfplatz südlich der Stadt auf Ihre Kosten kommen.

Ctra. Jesús a Cala Llonga, T 971 19 60 52, www.golfibiza.com

Segeln und helfen

Wenn Sie im Urlaub etwas Gutes tun und dabei einen kostenlosen Tag auf dem Meer verbringen wollen, dann segeln Sie auf dem Katamaran von IBI mit, die sich der Reinigung des Meeres rund um Ibiza verschrieben haben.

Abfahrt im Hafen von Santa Eulària, T 602 38 39 99, www.ibifoundation.nl

···························

INFOS

Touristen-Information: Carrer Mariano Riquer Wallis, 4, Edificio Polivalente, T 971 33 07 28, www.santaeulalia.net, Sommer Mo–Fr 9–13.30, 17–19.30, Sa 10–13, Winter Mo–Fr 9–14 Uhr. Ein Infokiosk ist im Sommer am Passeig de S'Alamera geöffnet, T 971 33 07 28.

Santa Gertrudis de Fruitera 🗺 F 3/4

Nach einem langen, faulen Strandtag, einer anstrengenden Wanderung oder einer Cruiser-Tour quer über die Insel steuern viele die goldene Mitte des Eilands an: Santa Gertrudis ist nicht nur das geografische Zentrum Ibizas, sondern auch ein sozialer Mittelpunkt. Wenn Sie Ihr Auto auf dem Parkplatz hinter der Kirche abstellen, sind Sie bereits mitten im Geschehen.

···························

WAS TUN IN SANTA GERTRUDIS?

Dorfleben auf hohem Niveau

Am Abend verlassen alle ihre Häuser und kommen in der kleinen Fußgängerzone zusammen – Kinder toben auf dem Spielplatz, Fremde mischen sich mit Einheimischen und Zugezogenen aus aller Herren Länder. Diese Multikulti-Mischung ist es wohl, die auch das vielfältige Angebot erklärt.

Womit wir bei der **Bar Costa** (Plaça de l'Església) wären. Es gibt zwar zahlreiche Kneipen im Zentrum von Santa Gertrudis, wo man nett draußen sitzen, eine *caña* oder einen *café cortado* nehmen und dem sympathischen Treiben zusehen kann – aber eben nur eine dieser Sorte. Costa

High Noon auf dem Kirchplatz von Santa Gertrudis

hat vermutlich das Rennen gemacht, weil viele Künstler ihren Deckel mit Bildern bezahlten und das Lokal so in einem Kunstraum verwandelt haben. Unter den Gemälden – und unter dem Schinken, der von der Decke baumelt – herrscht sogar in der kälteren Jahreszeit Gemütlichkeit, wenn sich Wandertouristen neben Models und Ibiza-Lebenskünstlern am Kamin die Hände wärmen.

SCHLEMMEN, SHOPPEN, SCHLAFEN

 Satt & glücklich

Das kulinarische Angebot von Santa Gertrudis ist so einzigartig wie vielfältig – von der Tapas-Bar bis zum romantischen High-End-Restaurant steht auf höchstem Niveau so einiges zur Wahl. Es lohnt sich auch, nach brandneuen Lokalen Ausschau zu halten (s. Kasten). Und wer immer noch nichts findet, schwenkt ab auf die Restaurant Road (▶ S. 88).

Romantisch
La Plaza
Betont französische Küche wird im Garten des La Plaza serviert.
Am Kirchplatz, T 971 19 70 75, ab 20 Uhr, im Winter geschl., €€–€€€

Sehr stilvoll
Olivia's
Das Olivia's bietet eine raffinierte mediterrane Küche mit fernöstlichen Einflüssen in besonders geschmackvollem Ambiente – kein Wunder: Die umwerfend charmante Betreiberfamilie hatte früher mit Designmöbel zu tun.
Carrer Venda des Poble, 6, T 608 49 07 95, www.oliviasibiza.com, tgl. abends, in der Nebensaison Do–Di mittags und abends, €€

Edel-Italiener
Macao Café
Hier gibt es Ibizas leckerste Spaghetti Bolognese, aber ohne zuckersüße Gondoliere-Musik. Ob man jetzt im Vorgarten sitzt oder im Innenraum mit Kerzen, Leinen und Bildern italienischer Schönheiten – das Ambiente stimmt.
Carrer Venda des Poble, 8, T 971 19 78 35, www.macaocafe.com, tgl. 13–16, 19.30–24 Uhr, €€

Der fruchtbare Boden Ibizas treibt die schönsten Blüten in allen Farben.

Alles von der Insel
Can Caus
Genossenschaftsbetrieb für einheimische Spezialitäten mit großräumigem Restaurant und Schwenkgrill. Hier gibt es alle Köstlichkeiten Ibizas (auch zum Mitnehmen), von der klassischen *sobrasada*-Wurst bis zum Ziegenkäse. Tipp: Der Ziegen- oder Schafsjoghurt, das man auch in den Supermärkten der Insel bekommt.
1 km außerhalb an der PM 804, €–€€

Easy going
Musset Café
Nicht anspruchsvoll, veganes und vegetarisches Angebot schon ab dem Frühstück.
Carrer Venda de sa Picassa, 2, T 971 19 76 71, tgl. 9–16 Uhr, €–€€

Zu keinem Thema erhalten wir mehr Leserzuschriften als zu geschlossenen Restaurants. Viele davon entstehen auf Pop-Up-Basis oder machen schlicht pleite. In diesem Band sind daher nur die langlebigsten Lokale aufgeführt.

Ab durch die Weltküchen – **die Restaurant Road**

Bauernküche, Asia-Fusion, Thai-Gourmet-Tempel mit Chill-out-Zone und Diskothek: Wenn es Nacht wird, Señorita, brennt auf dem Highway zwischen Santa Eulària und Sant Joan ein kulinarisches Feuerwerk ab …

Der ehemalige Camí Vell de Portinatx, mittlerweile zur Schnellstraße EI-300 ausgebaut, mogelt sich gleichwohl fast unbemerkt zwischen Santa Eulària und Santa Gertrudis hindurch. Du tauchst ein in die tiefschwarze Nacht. Nicht viel los hier? Richtig abgebogen, falsch gedacht. Schon eine Kurve weiter leuchtet es rosarot, winken dich knapp bekleidete Damen wie zur Verkehrskontrolle auf ein Feld, schreitest du durch einen Torbogen in einen Bambus-Palast, chillige Sounds umschwirren dich, auf den Tischen die leckersten Köstlichkeiten, elegant-lässige Menschen nicken wissend zu dir herüber, und auf dem Tantra-gesäumten Weg zur Toilette läuft dein Gesicht schamrot an: Willkommen im lustbetonten Kulinaria-Tempel **Bambuddha** ❶, einer der Einmaligkeiten auf Ibiza, die man gesehen haben muss – zu einem Dinner MediterrAsian Style oder nur auf einen Drink. Weltenbummler JonJon führt das Ess-Publikum mit den drei Göttern in die »Decade of Decadence« – wer will, auch mit Tai-Chi, Tantra-Lounge oder Souvenirs aus dem Signature-Shop. Und das ist erst der Beginn der Restaurant Road.

Ölwechsel gefällig?

Wer unterwegs ökologisches Olivenöl reinsten (Ibiza-)Wassers genießen möchte, besucht unterwegs die **Oleoteca Ses Ecoles** 🏠, auch zum Probieren in verschiedenen Gerichten. Ach, und wenn wir schon unterwegs sind, dann vielleicht noch in die Rösterei **Meke** 🏠 und für ›was auf die Hand‹ zu **Can Guimo** 🏠.

Weiter geht's Richtung Japan mit dem **Nagai** ❷ und seiner Fusion-Küche in hochmodernem Chill-

Chic. Gleich dahinter liegt das **Es Caliu** ❸ mit eigener Windmühle an einem Bach, wenig später gefolgt vom heillos-romantischen Farm-to-Table-Italiener **A Mi Manera** ❹ mit Natural Pop Vibe sowie Tischen und Kronleuchter im Freien.

Eine Spur rustikaler geht's in **Lydia's Smokehouse North** ❺ zu, einer der neuesten Errungenschaften. Serviert werden perfekt gegrillte Burger und Tex-Mex-Küche, dazu gibt es in dem auch bei Einheimischen beliebten Diner regelmäßig Livemusik. Im **Es Pins** ❻ serviert man leckerste *allioli*, selbst gebackenes Brot und typische Ibiza-Kost wie *sofrit pagès* (eine Art Ragout).

Bei Km 15 liegen gleich zwei Läden direkt beieinander: Im **Can Muson de sa Villa** ❼ kommen feinste argentinische Grill- und Eintopfgerichte auf den Tisch – beim Eintreten nicht verzagen, das Restaurant ist neben der Bar! Auf gleicher Höhe werden im **Cana Pepeta** ❽ Köstlichkeiten vom Land, aus dem Meer und aus der Luft in stylischem Neo-Ibiza-Ambiente serviert.

Wer noch kann, geht auf einen Schnaps an der Gabelung nach Portinatx ins **Can Curuné** ❾, dem Schlussakkord der Restaurant Road und Treffpunkt der Einheimischen aus der Umgebung. Vielleicht teilen Sie sich die Fahrt aber auch in mehrere Aufenthalte ein …

Köstlichkeiten trampen reihenweise auf der Restaurant Road, auch Barbecue Street genannt

Luxus-Wellness im Hinterland

Wo sich Ginsterkatze und Podenco leise gute Nacht sagen, erwartet Sie ein kleines Paradies, das mit seiner Weitläufigkeit und Entspanntheit, Lounges, Buddhas und Parks seinesgleichen sucht: die Wellness-Anlage **Atzaró** ❶. Massagen, Yoga, Detox, Anwendungen und und und: Für einen perfekten Beauty- oder Wellnesstag kann man kann sich unbegrenzt aufhalten und jederzeit Sauna und Gym aufsuchen. Mit seiner Weinbar, Restaurant und Sushi-Lounge eignet sich die Location auch perfekt für Hochzeitsfeiern oder Events.

INFOS/ÖFFNUNGSZEITEN

Bambuddha ❶: Km 8, T 971 19 75 10, www.bambuddha.com, Mai–Okt., tgl. 19.30–2, Bar 19–3 Uhr, €€€
Nagai ❷: Km 9,5, T 971 41 02 76, www.nagairestaurant.com, März–Okt. Mo–Sa 8–2 Uhr, €€€

Es Caliu ❸: Km 10,8, T 971 32 50 75, www.escaliuibiza.com, 27. Jan.–21. Dez. tgl. 13–15.30, 20–23 Uhr, Juli/Aug. nur 19–24 Uhr, €€
A Mi Manera ❹: Km 12, T 971 32 51 51, www.amimaneraibiza.com, tgl. 19.30–1 Uhr, €€€
Lydia's Smokehouse North ❺: Km 13, T 971 07 06 39, www.lydias smokehouse.com, €–€€
Es Pins ❻: Km 14,8, T 971 32 50 34, tgl. 7–16, 20–23.30 Uhr, €€
Can Muson de sa Villa ❼: Km 15, T 971 32 50 82, www.canmusondesa vila.es, Di–So 7–16, 20–23.30 Uhr, €€
Cana Pepeta ❽: Km 15,4, T 971 32 50 23, http://cana-pepeta.eltenedor.rest, Mi–Mo 7–16, 20–23.30 Uhr, €€–€€€
Can Curuné ❾: Km 17, T 971 32 50 19, 8–24 Uhr, mit kleinem Supermarkt, €€
Oleoteca Ses Ecoles ❶: Km 9,8, T 871 87 02 29, ab 19 Uhr
Meke ❷: Höhe Km 12,5, Lugar Venda de Safragell, 154, T 971 32 50 58
Can Guimo ❸: Höhe Km 14, Lugar Venda de Safragell, 68, T 628 56 18 31
Atzaró ❶: an der E 10 bei Km 15 ausgeschildert (von da aus noch etwa 2,2 km), T 971 33 88 38, www.atzaro. com, z. B. Spa Treatment, 1 Std. Massage inkl. Lunch 110 € (Okt.–April 90 €), Face Treatment kostet extra.

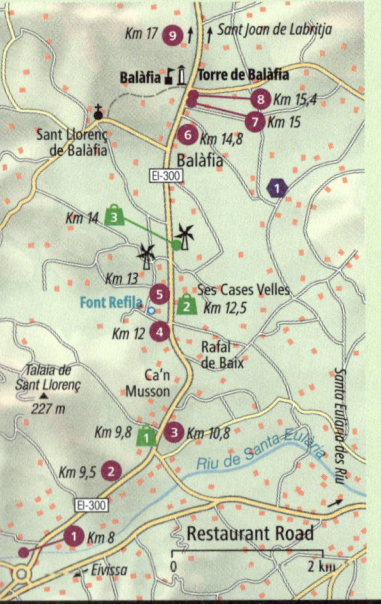

Faltplan: G 2–4 | Kulinarische Tour mit PKW, E 10 (auch C 733) ab Höhe km 8

Stöbern & entdecken

Auch spezielle Shopping-Bedürfnisse kommen in und um Santa Gertrudis nicht zu kurz. Das **L'Atelier No 74** (Ladencafé am Parkplatz und Boutique neben der Bar Costa, T 971 19 73 26, www.latelier-ibiza.numero74.com) ist kein gewöhnliches Café, sondern gleichzeitig eine Kreativwerkstatt, in der für Kinder und Erwachsene Mal-, Töpfer-Strick- und viele weitere Workshops angeboten werden. Außerdem gibt es hier Strickmode im Ibiza-Stil und ein ganz besonders leckeres Frühstück! Schöne Lederwaren bietet **Te Cuero** (hui, Doppelbedeutung: *Te quiero* bedeutet ›Ich liebe dich‹) neben dem Restaurant La Plaza am Kirchplatz (ganzjährig).

Das hutzelige **Es Cucons** (Plaça de l'Església, 7, T 971 19 77 56) ist mit seinem variantenreichen Angebot an Dingen, die man nicht gesucht hat, sicher das originellste Geschäft weit und breit. Wobei … große Shopping-Highlights erwarten Sie an der Ausfallstraße Richtung Eivissa: Das Mode-, Möbel- und Kreativ-Kaufhaus **Sluiz** (Carretera Eivissa–Sant Miquel Km 4, T 971 93 12 06, www.sluiz-ibiza.com, Mo–So 12–20 Uhr), eine Art hippes Ibiza-IKEA, lädt zum Stöbern, Essen, Trinken und Loungen ein – auch für Kindervergnügen ist gesorgt. Schräg gegenüber kann man in der fröhlich-bunten **Galeria Elefante** (T 971 19 70 17, Mo–Sa 10–20 Uhr) ebenfalls angenehm shoppen – oder man lässt sich alternativ massieren und betreibt ein bisschen Yoga.

Standard auf Ibiza: Massage und Yoga – oft auch an den Stränden

 # 13

Wehrdorf wird Welt-architektur – **Balàfia**

»Architektur ohne Architekt« nannte der öster-reichische Dadaist Raoul Hausmann den archai-schen Baustil, der Ibizas weiße Würfel entstehen ließ. Seit den Zeiten der Karthager wird auf der Insel auf diese Weise gebaut. Hausmann lebte lange hier und ließ sich von den Würfelbauten beeindrucken und inspirieren. Durch die Kunde der Ibiza-Exilanten Raoul Hausmann und Walter Benjamin wurden auch Architekten wie Walter Gropius und Le Corbusier neugierig und stu-dierten den Baustil – sodass als kunsthistorisch gesichert gilt, dass die Architektur Ibizas einen unmittelbaren Einfluss auf die Bauhaus-Archi-tektur ausübte.

TURTEL-RAST

»Eat, talk and feel the love«. Wenn Sie gerade hier sind: Etwas versteckt, aber ausge-schildert im Zentrum von Sant Llorenç liegt das romantische Café-Res-taurant **La Paloma,** ein guter Grund, den Weg nach Balàfia anzutreten. Viele Liebespaare unter-nehmen Ausflüge hierher, um im schönen Garten zu flirten oder auch einen wirklich guten Happen zu sich zu neh-men – auch im Winter ein Romantik-Highlight! (Sant Lorenç de Balàfia, T 971 32 55 43, www. palomaibiza.com, Di–So 12.30–16.30 Uhr, €–€€).

Auf der Straße EI300 von Eivissa nach Portinatx auf Höhe des Dorfes **Sant Llorenç de Balàfia** er-hebt sich mitten in der grünen Landschaft ein schneeweißes Gewürfel: die **Torres de Balàfia,** eine kleine, heute privat bewohnte Trutzburg. Aber bei einem Spaziergang um die Gebäude-ansammlung bekommt man eine Ahnung von – vor allem – den damaligen historischen Verhält-nissen. Das Wehrdorf entstand im 16. Jh., als plündernde Piraten nicht nur die Küsten, sondern auch weiter ins Inland gelegene Gegenden unsi-cher machten. Überall ergeben sich kleine Einbli-cke in die schneeweißen Würfelbauten, die von einem braunen Turm dominiert werden: Die Feste Torres de Balàfia ist das imposanteste Beispiel für die Architektur Ibizas, die sich seit Jahrtausenden praktisch nicht verändert hat.

Ein architektonisches Würfelspiel?

Die ›Zuckerwürfel‹ weisen eine Schlichtheit auf, die angesichts der überbordenden Spielereien des Jugendstils und Art-déco einen fast beschä-menden Effekt hat. Ein Grund für die komplett quadratische Bauweise liegt darin verborgen, dass für jedes neue Familienmitglied – durch Ge-burt oder Hochzeit – ein Kubus angebaut wurde, der mit dem Wohnraum des Haupthauses ver-

bunden war. Die tief in den Mauern sitzenden Fenster sind deshalb so klein, damit die Sonne das Innere nicht erhitzt. So entstand zugleich ein Wehrdorf, das nach außen gut gewappnet war. Geradezu rührend ist es daher anzusehen, dass hier und da tatsächlich noch eine lose Leiter an einer Wand steht. Mithilfe dieser Leitern zogen sich die Bewohner bei der Bedrohung durch Piraten in die türlosen Türme der Siedlung zurück. Auch wenn es keine Angreifer oder Eindringlinge mehr gibt, dort käme man einfach nicht hinein.

Diskrete Einblicke in Ibizas Baukultur vermittelt die Feste Balàfia.

Weiße Fincas

Die klassische Finca verrät ebenfalls den Charakter des ibizenkischen Baustils mit Variationen: die überdachte Terrasse innen oder als Vorhof *(porxada)*, der große Wohnraum im Zentrum *(sala* oder *porxo)*, dahinter die Küche mit dem Ofen, der auch für die Wärme zuständig ist. Oder die Ausrichtung der Haupttür Richtung Süden, um den kalten Nordwinden den Rücken zu kehren. Fast alle Fincas auf Ibiza sind so ausgerichtet. Auch der etwas aus der Mode gekommene Spitzname *isla blanca* (›weiße Insel‹) resultiert aus der weißen Hausfarbe, die vor allem der Hitze geschuldet ist und einen angenehm kühlenden Effekt nach innen hat.

Faltplan: G 3

Formentera

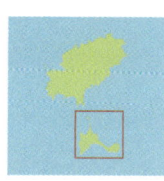

Wie der abgebrochene Puck-Stern einer Single liegt
die Insel lauernd vor Ibiza – zumindest, wenn man
sie auf der Landkarte betrachtet. Zwischen den beiden Zacken der langgestreckten Insel liegt für viele
das Paradies, für das sie Ibiza hinter sich lassen und
direkt auf die nächste Fähre springen. Für karibische
Impressionen und vor allem das Gefühl der Freiheit
genügt ihnen schon eine Sporttasche und der Motorroller, Formenteras
Verkehrsmittel Nr. 1 – und schon geht's in den ›Urlaub wie früher‹.

Reif für die Vintage-Insel

📖 Karte 2

Kein Flughafen, kein Campingplatz, keine einzige Ampel: Wenn Ibizencos mal abschalten wollen, nehmen sie die Fähre nach Formentera – schließlich geht es dort nach landläufiger Meinung zu wie auf Ibiza vor 30 Jahren: ruhiger, langsamer, unaufgeregter. Ibizas viel kleinere Schwester mit 82 km Küste, 82 km² Fläche und gerade mal 19,5 km Durchmesser ist heute eines der letzten Refugien für Ferien in Hülle und Fülle – oder auch gleich ohne Hülle.

WAS TUN AUF FORMENTERA?

Ferien statt Urlaub machen

Formentera ist nicht einfach der ›wohlverdiente Urlaub‹, es ist der Griff nach Freiheit. Nicht wenige wurden von der Idee verführt, sich das ganze Jahr über auf dem Eiland aufzuhalten, das in Sachen Toleranz und Freizügigkeit noch eine Schippe drauflegt. Und man braucht zum Leben nur sehr wenig – das Meer und die Sinne sind ja schon da. Das beginnt schon bei der Überfahrt mit der Fähre. ›Ankommen, abschalten, aufdrehen‹ lautet die rituelle Trilogie des Formentera-Aufenthalts. Alle (die meisten Formentera-Urlauber sind übrigens Italiener und Deutsche) kommen im Hafenort **La Savina** an. Der Run vom Schiff zu den zahlreichen Vermieterplätzen vor den

Zum Trocknen aufgehängter Kabeljau, Bacalao, in Es Caló de Sant Agustí

Massen an Zweisitzern ist schon ein Kult für sich, den viele aus Spaß an der Freude von den umliegenden Cafés aus beobachten.

Die Mehrzahl der Inselbesucher zieht es direkt weiter in ihre angestammten und lieb gewonnenen Domizile. In erster Linie geht es natürlich zu den Stränden, allen voran zu jenen der Insel vor der Insel: **S'Espalmador** (► S. 98), wo man sich wie auf dem Mond fühlt. Der Strandclub **Beso Beach** (► S. 99) verlockt viele dazu, mit einer Jacht auf die Insel zu kommen, um direkt vor der Kneipe Anker zu werfen. In San Ferrans Ess- und Trinkmeile, der Carrer Mayor, trifft sich die Welt allabendlich in der **Fonda Pepe** (► S. 102) und schwadroniert über die guten alten Zeiten, desgleichen beim **Pirata Bus** (► S. 101) an der Platja de Migjorn.

Oder man düst direkt mal an eine der beiden Landspitzen, zum **Cap de Barbaria** oder zum **Cap de la Mola,** um sich nicht zwicken zu müssen, dass man wirklich wieder da ist. Ganz profan könnte es auch nach Buchholz gehen, der Düsseldorf-Süd genannten Enklave **Es Pujols,** an die kultige Mini-Bar zu Pizza oder Fisch.

Viele Tagesausflügler, die es in Ibiza zeitig aus dem Bett schaffen, absolvieren diese Pflichtrunde, viele von ihnen wollen unbedingt auch in **La Tortuga** (► S. 103, ›Schildkröte‹) das legendäre Formentera-Schwein essen. Auf diese Art und Weise kommt man auch an einem einzigen Tag in Formentera auf den Geschmack von Freiheit und Abenteuer – Schwimmen ist dabei noch locker drin. Und wer die letzte Fähre verpasst, schläft schlimmstenfalls am Strand …

La Savina 🗺 Karte 2, E 10

Der Hafenort ist die Anlaufstelle für alle, auch wenn sich schnell die meisten verkrümeln – allerdings nicht bevor sie sich ein Zimmer, ein Auto, Moped oder Fahrrad besorgt haben.

WAS TUN IN LA SAVINA?

Ankommen und sich orientieren
Wenn man kein Tagesausflügler ist und ein Fahrzeug mieten möchte, wird empfohlen, schon im Herbst des Jahres vor der Reise einen Wagen zu bestellen, denn zur Saison hin werden die Preise teurer. Am besten kommen Sie aber auf Formentera ohne Auto aus!

Kein Zimmer gebucht? Hoppla! Hotels sind rar, und aufs Geratewohl kann man in der Saison Pech haben. Daher gleich vor Ort reagieren: Das Tourismusbüro in La Savina ist die einzige ganzjährig geöffnete Stelle des Fremdenverkehrsamtes und vermittelt auch Ferienapartments. Last-Minute-Angebote haben oft Apartamentos Es Pujols sowie Astbury Formentera (► S. 98).

In fremden Betten

Romantisch und bescheiden
La Savina
Traditionelles, schön renoviertes, in vierter Generation geführtes 1-Sterne-Hostal mit eigenem Strandzugang.
Avinguda Mediterrania, 22, T 971 322 279, www.hostal-lasavina.com, €–€€

Gepflegt
Hotel Bahia
Renoviertes, mit leichtem Design-Chic versehenes, familiär geführtes Hotel mit Tradition und Hafen-, Ibiza- plus Es-Vedrà-Blick.
Port de La Savina, T 971 32 21 42, www.hotelbahiaformentera.com, €€–€€€

INFOS

Touristen-Information: Carrer de Calpe, Port de La Savina, T 971 32 12 10, www.formentera.es, Mo–Fr 10–14, 17–19, Sa 10–15 Uhr

Zimmervermietung über die Touristen-Information oder auch direkt bei Apartamentos Es Pujols (Pujols, Carrer Roca Plana, T 971 32 82 82, www.apartamentosespujols.com), Astbury Formentera (T +44 16 42 21 01 63, www.formenteraurlaub.de).
Auto-/Zweirad-Vermietung und Taxis: Neben den bekannten Markenanbietern tummeln sich weitere Vermieter im Internet (z. B. www.billiger-mietwagen.de, www.doyouspain.de, www.autoeurope.de). Vor Ort können Sie sich ebenfalls beraten lassen: Formotor Rent (T 971 32 29 29, Zweigstelle in Es Caló, T 971 32 70 48, www.formotor.com), Betacar (T 971 32 20 31), Autos Formentera (T 971 32 28 17), Autos Isla Blanca (T 971 32 25 59). Tipp: Vorher reservieren, das spart Zeit und Formalitäten vor Ort. Zu den Preisen generell: In der Saison mieten Sie Fahrräder ab 5 €, Motorroller (50 ccm) ab 22 €, Autos ab 30 €/Tag. Taxiruf La Savina: T 971 32 23 42

Die Nordspitze

📖 Karte 2, E/F 8–10

Viele Besucher der Insel zieht es gleich an die Strände, die man schon von der Fähre vor sich liegen sieht: an die Platja de ses Illetes und zu den Buchten der vorgelagerten Insel S'Espalmador.

WAS TUN AN DER NORDSPITZE?

Süßes und salziges Nichtstun
Mitten im Naturschutzgebiet, vorbei am Salinengebiet **Estany Pudent** mit seinen rosa schimmernden Salzkrusten, hört die Welt nicht etwa auf. Aber hinter dem Parkplatz führen nur noch Sandpfade und Holzstege zum ostwärts gelegenen Sandstrand **Platja de Llevant** – und dann heißt es: Hosen runter! Der zum offenen Meer hin ausgerichtete Strand ist ein veritabler Nacktbadestrand. Wem das nicht gefällt: Gegenüber, an der Westseite der Nordspitze Formenteras, ist die **Platja de ses Illetes** eines der Aushängeschilder Formenteras – und von Jachten oft dicht belagert.

Schlammbaden nackt und heimlich?
Sie mögen es etwas einsamer? Den beiden Stränden Richtung Ibiza vorgelagert ist die private Insel **S'Espalmador.** Auch hier dümpeln im Sommer zahlreiche Edeljachten, die sich das Essen von den Beach-Restaurants an Bord bestellen. Sie wissen warum: Für einige ist ein Besuch im **Es Molí de Sal** bei Juan y Andrea bereits ein Urlaubs-Highlight für sich (in der Strandbar Es Ministre geht es da wesentlich profaner zu). Ohne schwimmenden Untersatz zur Insel S'Espalmador zu gelangen, scheint realistisch, aber aus Sicherheitsgründen sollte man per Boot übersetzen, es gab in der Vergangenheit mehrere Todesfälle!
Etwa auf mittlerer Höhe von S'Espalmador befinden sich schwefelhaltige **Schlammlagunen,** in denen man sich bis zum offiziellen Verbot herrlich

Raum und Zeit vergessen an der Platja de Llevant

suhlen konnte – im nahen Meer kann man sich ja schnell wieder reinwaschen. Auch die Titelheldin aus dem Film »Lucía und der Sex« (▶ S. 106) nimmt hier ein Bad. Von uns haben Sie das nicht …

Bootstransfer ab La Savina (T 609 84 71 16), von Ibiza ab Santa Eulària (T 971 33 22 51)

. . . .

🍴 **Satt & glücklich**

Für kleine Haie mit großem Hunger
El Tiburon
Preislich gemäßigter Beachclub, verglichen mit den sündhaft teuren Strandnachbarn. Schöne Atmosphäre, besonders abends zu Livemusik. (Nicht nur) für Kids gibt es hier auch Currywurst.
Camino de Ses Illetes 126, T 659 63 89 45, tiburonformentera.com, €€–€€€

Original
Sa Sequi
Eine weitere preiswerte Alternative ist dieses süße Fischlokal direkt am Wasser. Die ideale Location mit Blick auf Es Vedrà

wie auch – ganz besondere Touristenattraktion! – Einheimische.
Cavall d'en Boras, T 645 17 45 55, €–€€

Sangria, Seafood, Stimmung
Beso Beach
Beachclub im Vintage-Design, den man von der Fähre aus locker mit dem Fahrrad erreicht und der schnell glücklich macht.
Cavall d'en Borràs, T 622 22 21 13 www.besobeach.com, €€€

Locker
Es Ministre
Strandbar mit Cocktails, Essen, Musik und Shuttleservice.
T 609 60 05 38, www.restauranteesministre.com, €€–€€€

Gesalzene Preise
Es Molí de Sal
Leider teuer, aber für viele ist der Preis das Erlebnis wert, von der alten Salzmühle aus aufs Wasser zu schauen und dabei exzellent zu speisen.
Carrer Afores, T 971 18 74 91, www.esmolidesal.es, €€€

 # 14

Süßes Leben in Klein-Karibien – **Platja de Migjorn**

Wenn das Leben wirklich ein Strand ist, dann bietet die weite, weiße Platja de Migjorn mit dem türkisfarbenen Meer vielleicht das schönste Leben im Mittelmeerraum. Mit legendären Kioscos wie dem Pirata Bus steht dieser Strand für einen Lebensstil, für den man nicht viel braucht.

Baden und tauchen in klarem Wasser, türkis wie in der Karibik, sich fläzen im feinsten Sand, plätschernde Musik von einem der insgesamt sechs Chiringuitos (das sind die Strandbars), und von dort verträumt auf das große, weite Meer schauen, bevor man hüllenlos badet oder im Strandtuch chillend den Sonnenuntergang beobachtet. Und das bis tief in den Herbst hinein, wenn zu Hause schon wieder der Beuteltee auf dem Bürotisch zieht: So sieht das Leben an der Platja de Migjorn aus – ein Lebensstil, den über das ganze Jahr hinweg zu pflegen sich bereits viele Einwanderer entschieden haben. Hier trifft sich auch außerhalb der Saison die Strandclique, trinkt ein Bier, raucht und schaut: vor allem über das Meer.

Einige haben sich einen Traum erfüllt, wie etwa Sven Heinrichs aus Köln, der den legendären Pirata Bus, Formenteras wohl bekanntesten Chiringuito, von seinem angeheirateten Onkel übernommen hat. Der hatte vor über 40 Jahren einen ausrangierten Linienbus über die Düne gefahren, geparkt und angefangen, Bier und Tapas zu verkaufen.

Der **Pirata Bus** ❶ steht für einen lockeren Lebensstil, so leicht wie die Musik, die der Wind aus den Lautsprechern der wenigen Bars über das Wasser trägt, und so einfach wie das facettenreiche Zusammenspiel von Erde, Wasser und Himmel von den ersten Sonnenstrahlen bis zum nächtlichen Glitzern bei Vollmond. Mehr, so dämmert es irgendwann, braucht man eigentlich nicht, um glücklich zu sein. Umso dramatischer ist es, dass es den Pirata Bus so, wie Generationen ihn kennen und lieben, vielleicht bald nicht mehr geben wird.

Ü
ÜBRIGENS

Alle sechs Jahre müssen die Konzessionen für Formenteras Chiringuitos neu beantragt werden – in der Vergangenheit reine Formsache. 2021/22 jedoch war alles anders: Zu Redaktionsschluss hatten alle acht Betreiber in einem undurchsichtigen Verfahren ihre Lizenzen verloren. Sie wurden trotz besserer Konzepte schlicht überboten. Es gab Demonstrationen »gegen den Tod der Seele Formenteras«, Einspruchsverfahren laufen. Ob es für Legenden wie den Pirata Bus weitergeht? Wir hoffen das Beste!

Der Pirata Bus ist eine Institution auf Formentera – mit ungewisser Zukunft.

INFOS/ÖFFNUNGSZEITEN

Die Platja de Migjorn erstreckt sich entlang der Straße von Sant Francesc nach La Mola zum Süden hin. Die jeweiligen Anlaufstellen wie Bars und Hotels sind an den Kilometersteinen der Straße gekennzeichnet. Die Chiringuitos sind in der Regel von 12 Uhr bis Mitternacht, im Winter bis 22 Uhr geöffnet.

KULINARISCHES FÜR ZWISCHENDRIN

Pirata Bus ❶: Km 11, www.piratabus.com, Erfrischungen, Sampler und Piraten-Memorabilia, €
Blue Bar ❷: Km 8, www.bluebarformentera.com, schon zur Hippiezeit eine der wichtigsten Anlaufstellen Formenteras, €€

Sol y Luna ❸: Camino Viejo de la Mola (Höhe Ca Marí), T 629 04 02 65, richtig nettes, preiswertes Restaurant unter freiem Himmel nahe dem Torre des Pi des Català, €–€€
Kiosco 62 ❹: Camino de Can Simonet I, T 697 84 07 95, kleiner, hippiesker Kiosco nahe dem edlen Gecko Beach Club, besonderes Burger-Angebot (sogar Lamm), lecker' Chips dazu und ein Glas Wein mit Aussicht – chillig, aber nicht billig, €
La Fragata ❺: Carretera del Pilar de La Mola, Km 10,8, T 971 18 75 95, www.fragataformentera.com, zu einem Apartmentkomplex gehöriges Restaurant neben dem schicken Beachclub 10.7, seit 1979 mit ehrlicher Formentera-Küche zu guten Preisen, €€

Faltplan: Karte 2, F/G 11

Sant Ferran de ses Roques

📖 Karte 2, F 10

Es Pujols, unter Deutschen auch Buchholz oder Düsseldorf-Süd genannt, lassen Formentera-Frequent Travellers meist links liegen. Zwischen Es Pujols und der Inselhauptstadt Sant Francesc liegt in der Wahrnehmung vieler mit Sant Ferran das geistige – oder auch hochgeistige – Zentrum Formenteras, noch genauer: die Fonda im Zentrum des Orts. Wenn sie abends aus ihrer Siesta erwacht, ist sie nicht mehr wiederzuerkennen.

WAS TUN IN SANT FERRAN?

Für dick Besaitete
Formentera Guitars
Der legendäre Musiker Jaco Pastorius ging mit seinem E-Bass sogar im Meer baden. Wer sein Instrument ähnlich liebt, kann es in diesem kleinen Ort selbst bauen. In dreiwöchigen Kursen bauen die Teilnehmer bei Formentera Guitars ihre E-Gitarren und E-Bässe unter kundiger Anleitung von Ekkehard Hoffmann selbst – und taufen sie dann im Meer.
Carrer Sant Jaume, 17, T 971 32 86 88, www. formentera-guitars.com, Kursgebühr inkl. aller für ein Instrument erforderlichen Materialien 2600 € (›Wiederholungstäter‹ erhalten 400 € Nachlass)

 Satt & glücklich

Essen und Trinken im Carrer Major
Sant Ferrans Carrer Major ist die berühmteste Gasse der Insel, die Hippie-Kneipe **Fonda Pepe** allabendliche Anlaufstelle für Biertrinker, Aussteiger, sanfte Touristen und andere, die einfach auf der Mauer sitzen und über Gott und die Welt reden wollen. Früher warf man die Bierflaschen in den Nebengarten, heute ist das politisch nicht mehr korrekt. Kult ist der Laden dennoch geblieben. Die Fonda Pepe ist eigentlich das Restaurant **P.Y.K.** (keine Reservierungen), seit 1963 eine feste Institution, Zentrum der Hippie-Bewegung und heute noch Dreh- und Angelpunkt für Millionen Formentera-Fans. Und www. fonda.de ist nicht etwa die Website der

![Ton in Ton: Souvenirs in Sant Francesc]

Ton in Ton: Souvenirs in Sant Francesc

Location, sondern die Austausch-Plattform für Formentera-Vermisser. Darüber hinaus kann man in der trubeligen Gasse im **Macondo** Pizza essen und die Szenerie beobachten, oder traditionell im **Can Forn** mit Schwerpunkt auf Inselküche.

Schwein gehabt!
La Tortuga

Außerhalb von Sant Ferran liegt das La Tortuga direkt an der Straße in Richtung La Mola. Die ›Schildkröte‹, eine nicht zu übersehende Finca, bietet viel Fleisch, teilweise sogar deutsche Gerichte und das berühmte Formentera-Schwein. Für viele mindestens einmal pro Urlaub Pflicht, für manche sogar ein Grund, einen Ausflug nach Formentera zu unternehmen!

Ctra. La Mola Km 6,8, T 971 32 89 67, €€

Tapas und Insulaner
Bar Verdera

Frische Fisch- und andere Tapas in der Unschein-Bar, wo sich auch die Ferraner gern treffen.

Carrer de Joan Castelló Guasch, 1, T 971 32 22 19, €

Sant Francesc

📖 Karte 2, F 10

San Francisco, wie Formenteras Hauptstadt auf Spanisch heißt, ist ein hübsches kleines Städtchen mit einer Fußgängerzone, dem Carrer de Jaume I, die in den Kirchplatz Plaça de sa Constitució mündet. Politisch korrekt ist jedoch die Bezeichnung »Verwaltungszentrum des Gemeindebezirks Formentera«, da die ganze Insel als eine Gemeinde gilt.

WAS TUN IN SANT FRANCESC?

Sich für den Strand eindecken

In der Fußgängerzone Carrer de Jaume I finden Sie Souvenirläden und Boutiquen, teilweise mit sehr ausgesuchten Kleidungsstücken – spätestens hier sollten Sie sich den strandtypischen Sarong zulegen, am besten mit Formenteras inoffiziellem Logo, der Eidechse.

 In fremden Betten

Solide
Casa Rafal

Gut geführte Pension mit acht Zimmern und nur wenige Meter vom Hauptplatz entfernt. Die schlichten Zimmer (mit Gemeinschaftsbad) sowie die anständigen Mahlzeiten im Restaurant sind gut.

Carrer I. Macabich, 10, T 971 32 22 05, www.casarafal.com, ganzjährig geöffnet, €

 Satt & glücklich

Frühstücken wie bei Mama
Café Matinal

Formenteras erste Adresse für ein einfach(es) gutes Frühstück ist das 1988 von der Deutschen Ina Maria eröffnete Café. Die Marmeladen, das Joghurt oder auch das Brot sind selbst gemacht, die meisten Produkte kommen von der Insel.

Carrer de l'Arxiduc Lluís Salvador, T 971 32 25 47, www.cafematinal.com, €

Madrilenisch
Estrella Dorada

Sehr beliebt zum Mittagstisch, wo die Mahlzeiten gemäß Madrilener Art etwas deftiger ausfallen können. Mit schöner Terrasse in der Fußgängerzone.

Carrer Jaume I, 8, T 971 32 24 40, tgl. durchgehend, €

Romantisch-intim
Ca Na Joana

Bei Joana geht es herzlich zu, sowohl im netten Innenhof als auch in den kleinen Nischen des Innenraums in einem Gebäude aus dem 17. Jh. Mediterrane Gerichte mit einem »Gruß von der Oma«.

Carrer de Berenguer Renart, 2, T 619 48 44 76, www.canajoanaformentera.es, €€€

Fürs gepflegte Candlelight-Dinner
A Mi Manera

Kerzen, Windlichter und romantische Deko: Traumhafter Ess-Palazzo im Freien einer Finca. Ableger des gleichnamigen Lokals an der bekannten Restaurant Road auf Ibiza (▶ S. 89).

Außerhalb, Carretera Cala Saona Km 0,2, T 971 32 29 03, www.amimaneraformentera. com, €€€

Das beste der Insel
Sol

Lokale Küche auf hohem Niveau. Chef Joan Costa verfolgt konsequent die ›0-Kilometer‹-Philosophie und verarbeitet fast nur Produkte der Insel.

Cala Saona, www.restaurantsol.com, T 680 66 57 31, €€

··

INFOS

··

Touristen-Information: an der Plaça de sa Constitució, hinter der Kirche, Mai–Okt. Mo–Fr 9–15 Uhr
Municipal de Turisme: Carrer de Calpe, Port de La Savina, T 971 32 12 10, www.formentera.es, Mo–Fr 10–14, 17–19, Sa 10–15 Uhr

Statt motorisiert über die Straße gelangen Sie auch naturbelassen, sprich wandernd von Es Caló de Sant Augustí hinauf in die Ebene von La Mola: auf dem **Camí Romà.** Der Weg ist nicht anspruchsvoll und bezaubert am Berg mit Aussichten wie aus dem Bilderbuch. Es besteht übrigens kein Zweifel an der zeitweisen Besiedlung Formenteras durch die Römer, doch lässt sich kein triftiger Beleg dafür finden, dass der Weg oder die Grundrisse des anliegenden **Castell Romà de Can Blai** wirklich römischen Ursprungs sind – oder dass in den 1960er-Jahren der Popbarde **Bob Dylan** seine Wohnstatt in der Mühle von La Mola genommen hätte, wie gerne kolportiert wird.

Infos zu Formentera auf WhatsApp (inkl. Wetter- oder auch Quallenmeldungen etc.): T 607 11 17 16
Deutschsprachige Info-Plattformen: www.ibiza-heute.de, www.fonda.de

Es Caló de Sant Agustí ☖ Karte 2, G 11

Auf dem Weg quer über die Ebene der Insel in Richtung La Mola durchquert man auf der PM 820 bei Km 13 die kleine Ansiedlung, bevor es ›hoch‹ zum Cap de la Mola geht. Es Caló de Sant Agustí ist ein heißer Tipp, wenn Sie einen wahrhaft idyllischen Urlaub verbringen möchten.

Extrem entspannt: Abendstimmung am Kirchplatz von Sant Francesc

🏠 Kost, Logis und Diner
Hostal Rafalet/Mar Blau
Zwei Brüder besitzen jeweils eines der schlichten Hotels mit einfachen Zimmern und fantastischen Aussichten aufs Meer: Can Rafalet und Mar Blau. Das gleichnamige Restaurant Can Rafalet liegt direkt am Hafen und bietet leckere Fischgerichte (s. u.).
Can Rafalet: T 971 32 70 16, www.hostal-rafalet.com; Mar Blau: T 971 32 70 30; beide im Winter geschl., €–€€

🍴 Top Fisch, top Ausblick
Can Rafalet
Direkt am Meer gelegen mit Traumblick auf das tief-türkisfarbene Meer. Das Rafalet gilt als bestes Fischrestaurant Formenteras. Unbedingt reservieren!
Carrer Sant Agusti, 1, T 971 32 70 77, www.restaurantcanrafalet.com, €€

🍴 So fern und doch so nahrhaft
Can Pascual
Sicherlich eines der schönsten und besten Restaurants der Insel im Neo-Boho-Stil, zwar ohne Meerblick, dafür aber mit einem umso schöneren Garten. Perfekt für ein romantisches Dinner, allerdings nicht ganz billig.
Carrer des Vicari Joan Mary, 2, T 971 32 70 14, www.canpasualrestaurant.com, €€€

🍴 Hang loose
Acapulco Formentera
Auch wenn diese coole Surfer-Bar weder auf Hawaii noch am Strand liegt, ist sie eine absolute Zum-Verlieben-Location, perfekt für einen Einkehrschwung mit Freunden mit der Vespa nach einem Tag am Strand.
Avinguda de la Mola Km 12,5, T 971 32 71 98, €–€€

15

Lichter am Ende der Welt – **Far de la Mola und Far de Barbaria**

Ob Romankulisse oder einfach verzaubert: Die beiden Inselkaps Far de la Mola und Far de Barbaria haben beide ihre eigene Story.

Vor das eine Ende Formenteras hat der Herrgott die Anhöhe von Mola gesetzt. Das bescheidene Dörfchen **El Pilar de la Mola,** das oben am Ende des Waldes hervortritt, ist Vorbote für die schöne, weite Hochebene von La Mola, die sich an der schnurgeraden Straße entlang bis hinaus zum Cap de la Mola mit dem gleichnamigen Leuchtturm erstreckt: **Far de la Mola** **1**. In seinem Roman »Reise durch das Sonnensystem« lässt Jules Verne Formentera durch einen abstürzenden Kometen genau an diesem Punkt zerstören. Deshalb hat man dem Schriftsteller an Ort und Stelle ein Denkmal gesetzt.

Das Bild wäre unvollständig, würde man sich nicht auch das andere Ende der Insel ansehen. Das Beeindruckende an Formentera sind die Niveauunterschiede – vom Hochland La Mola hinunter in die Ebene der Inselmitte und dann durch die hügelige Landschaft zum Cap de Barbaria. Auf der Fahrt werden diese Unterschiede auf aufregende (Fahr-)Weise deutlich. Links liegen gerade noch ein paar punische Überreste, es wird merkwürdig kahl, dann geht es noch durch einige Kurven, bis schließlich jener Moment kommt, an dem sich an einer Stelle überraschend der **Far de Barbaria** **2** zeigt, um erst mal wieder zu verschwinden: genau wie die legendäre Kamerafahrt im Film »Lucía und der Sex« von Julio Médem, laut BBC »one of the most inventive and erotic films« des Jahres 2002. Die Kellnerin Lucía rollt auf der Suche nach ihrem verloren gegangenen Freund Lorenzo auf der im Film zwar fiktiven, aber doch eindeutig als Formentera erkennbaren ›Insel‹ auf den Leuchtturm zu und fällt dort in ein Loch, um an einem anderen, imaginären Ende in Madrid einige Jahre

S
SOUVENIR

Am Cap de Barbaria keltert man in dem gleichnamigen **Weingut** **1** den Wein vornehmlich aus der örtlich populärsten Rebsorte Monastrell. Die Betreiber bieten Führungen an. Eine Kiste Cap de Barbaria ist ein schönes Souvenir, das man sich auch nach Hause bestellen kann (Weingut Cap de Barbaria, Carretera de Cap de Barbaria, Höhe Km 5,8, nahe der Ausgrabungsstätte Barbaria II, T 617 46 06 29, www.capde barbaria.com).

Wer traut sich? Zugang zu Lucías Höhle und zu einem beeindruckenden Klippenbalkon hoch über dem Meer

zuvor zu landen – ein Zeitloch als Kunstgriff des Regisseurs und Möglichkeit, den verschwundenen Freund in ihrer Geschichte auferstehen zu lassen.

Auch als Normalsterblicher kann man in das etwa 20 m vom Leuchtturm entfernte Film-Loch ›fallen‹: in die **Cova Foradada** 3, in der man bis zu einer Art Balkon ganz nach vorne zur Meeresklippe gelangt. Allerdings fällt man nicht so tief wie Lucía im Film: In Wirklichkeit ist das Loch in die Höhle nur etwa 1,50 m tief. Mit etwas Geschick oder Hilfe klettert man hinunter und blickt am Ende wie von einem Balkon aus auf das weite Meer. Und ein bisschen auch aufs Ende der Welt.

K U L I N A R I S C H E S   F Ü R
Z W I S C H E N D R I N

Das **Codice Luna** 1 direkt am Leuchtturm Far de la Mola ist ein Chill- und Hangout, wo man in der Saison kleine Snacks verzehren und die Seele unter Planen baumeln lassen kann – wenn man noch einen Platz bekommt (T 602 41 91 58, €€).

Cap de la Mola - Cap de Barbaria

0   3 km

SANT FRANCESC XAVIER
Es Pujols
Sant Ferran de ses Roques
Camí Vell de la Mola
Punta de sa Palmera
Castell Romà
Platja de Migjorn
PM 820
El Pilar de la Mola
Monument Julio Verne
PM V 820-1
Punta de s'Aguila
La Mola
Torre des Cap de Barbaria

Faltplan: H–J 11 (Far de la Mola; F 10–E 12 (Far de Barbaria)|

Hin & weg

... mit dem Flugzeug

Von Deutschland, Österreich und der Schweiz beträgt die Flugzeit bei Direktflügen ca. 2,5 Std. Direktflüge bieten Lufthansa, Eurowings, Condor, Tui Fly, Swissair und Austrian Airlines an. Weiterhin besteht die Möglichkeit, über Mallorca, Barcelona oder Madrid zu fliegen – im Winter gibt es kaum Direktflüge. Umsteigeverbindungen gibt es u. a. mit der spanischen Iberia.

Der Flughafen (www.ibizaairport.org) liegt ca. 6 km von Eivissa entfernt. Auf www.ibiza-heute.de finden sich alle Ankunfts- und Abflugzeiten in Echtzeit. Für die Taxifahrt ins Zentrum muss man mindestens mit 15 Min. rechnen. Bus Nr. 10 braucht 25–35 Min. (im Sommer alle 30 Min. ab Flughafen 6.20–0.20, ab Eivissa 6–24, im Winter stdl. ab Flughafen 7.20–23.20, ab Eivissa 7–23 Uhr.

... mit dem Schiff

Vom spanischen Festland bestehen Fährverbindungen von Barcelona, Dénia und Alicante. Die Fahrzeit von Barcelona dauert mit der normalen Fähre etwa 8 Std., mit dem Schnellboot 4,5 Std. Es handelt sich um Autofähren. In der Hochsaison sollte man seinen Autoplatz besser vorher buchen.

DIPLOMATISCHE VERTRETUNGEN

Für Ibiza und Formentera zuständig ist das **deutsche Honorarkonsulat** auf Mallorca: www.palma.diplo.de

Österreichisches Konsulat
Paraires 23, principal
07001 Palma de Mallorca
T 971 42 51 46

Schweizer Konsulat
Antonia Martinez Fiol, 6
07010 Palma de Mallorca
T 971 76 88 36

GESUNDHEIT

Mit der Europäischen Krankenversicherungskarte (EHIC) können Sie sich kostenfrei behandeln lassen. Eine zusätzliche Auslandskrankenversicherung ist zu empfehlen, um eventuelle Zusatzkosten wie einen Rücktransport ins Heimatland, abzudecken. **Krankenhäuser** finden Sie in Eivissa (Can Misses, T 971 39 70 00) und in La Savina (Formentera). Im Marina-Viertel in Eivissa finden Sie auf der Carrer d'Annibal/Carrer d'Antoni Palau drei **Apotheken**, von denen immer eine die ganze Nacht über Dienst hat. Es haben sich auch zahlreiche deutsche **Ärzte** auf den Inseln niedergelassen, die Praxis-Adressen stehen in den deutschsprachigen Zeitungen oder Sie erhalten Auskunft beim Fremdenverkehrsamt.

INFORMATIONSQUELLEN

www.spain.info/de
Allgemeine Touristeninformation

INSEL-MAGAZIN

IbizaHEUTE

Das deutschsprachige Magazin »IbizaHEUTE« erscheint sechs Mal jährlich und bietet Insider-Tipps sowie Hintergrund-Reportagen für alle, die Ibiza und Formentera besser verstehen wollen. Auf der Website findet man u. a. tagesaktuelle News und einen umfangreichen Serviceteil mit wichtigen Adressen und wertvollen Infos für die Urlaubsplanung. Die Zeitschrift gibt es auch als E-Paper, Touristen können einen 2-wöchigen Zugang mit Zugriff auf alle Inhalte freischalten. Chefredakteur des Magazins ist übrigens Marcel Brunnthaler, der Co-Autor dieses Reiseführers (www.ibiza-heute.de).

*Langgezogene Schönheit: Formentera von der Erhebung beim Restaurant
Es Mirador aus betrachtet (ganz im Hintergrund Ibiza)*

www.ibiza.travel, https://turismo.eivissa.es

Hier finden Sie neben den Standards ausführliche Informationen, vor allem Angebote zu Kulturevents und Sport wie Wander-und Radwanderkarten oder Streckenbeschreibungen zum Downloaden.

Tourismusbüro Ibiza

Passeig Vara del Rey/
Carrer Comte de Rosselló, 1
Eivissa
T 971 30 19 00

Spanische Tourismusämter
… in Deutschland

Lichtensteinallee 1
10787 Berlin
T 030 882 65 43
www.spain.info/de
Reuterweg 51–53
60323 Frankfurt/Main
T 069 72 50 33

Postfach 15 19 40
80051 München
T 089 53 07 46 12

… in Österreich

Walfischgasse 8, Mezzanin
A-1010 Wien
T 01 512 95 80 11
www.spain.info/de_AT

… in der Schweiz

Seefeldstrasse 19
CH-8008 Zürich
T 044 253 60 50
www.spain.info/de_CH

Puntos de Información

Touristen-Informationen sind in Eivissa, Sant Antoni, Santa Eulària und La Savina (Formentera) stationiert, im Sommer auch am Flughafen. Neben Auskünften zu Busfahrplänen und aktuellen Öffnungszeiten bekommt man dort auch Karten und viele spezielle Broschüren. Die meisten Mitarbeiter sprechen zumindest Englisch.

Portale und Blogs

www.eivissa.org: Offizielle Website des Consell Insular d'Eivissa (Katalanisch, Spanisch und Englisch) mit nützlichen Adressen.

www.santantoni. net, www.san taeulalia.net, www.san jose-ibiza. net, www.sant-joan.com: Websites der Inselregionen mit aktuellen Hinweisen auf Wanderwege, Strände, Hotels und Veranstaltungen.

www.ibiza-spotlight.de: Informations- und Buchungsportal für Unterkünfte, aber auch für Clubtickets, Gay Ibiza sowie aktuelle Nachrichten, z. B. welche VIPs gerade auf den Inseln zu Gast sind.

www.guiaformentera.com: Die kommerzielle Website bietet gute Informationen über die Insel Formentera. Auch auf Deutsch.

KLIMA & REISEZEIT

Bei rund 300 Sonnentagen im Jahr und häufig warmen Süd- und Südwestwinden aus dem nahen Nordafrika sind Ibiza und Formentera ganzjährig lohnende Reiseziele. Ibiza hat sogar im Schnitt ein milderes Klima als Mallorca und ist natürlich im Hochsommer heiß und voll. Im Juli und August ist eigentlich nur ein Strandurlaub zu empfehlen. Die angenehmeren Reisezeiten für Aktivurlaub sind Frühling und Herbst. Im Sommer ist Baden immer und überall möglich, im Winter bei Wassertemperaturen von 13/14 °C eher etwas für Hartgesottene. Am Meer ist es zu jeder Jahreszeit ein wenig kühler als im Inselinneren. Auch im Hochsommer herrscht selten extreme Hitze, die maximale Lufttemperatur beträgt 30 °C.

ÖFFNUNGSZEITEN

Die üblichen Öffnungszeiten sind 10–14 und 17–20 bzw. 22 Uhr. Von 14 bis 17 Uhr halten aufgrund der Hitze die Geschäfte Siesta. In dieser Zeit muss man auch mit erheblichen Einschränkungen in Dienstleistungsbereichen rechnen (Banken, Autovermietung etc.).

REISEN MIT HANDICAP

Die großen Hotels haben in der Regel mittlerweile barrierefreien Standard, zumindest Rampen und guten Zugang zu den einzelnen Facilities. Es gibt einige behindertengerechte Strände, an denen

Damit kommt man weit: Sitzend oder stehend in unzugängliche Buchten zu paddeln, ist ein neuer Trend.

sogar Schwimmrollstühle zur Verfügung stehen (u. a. Talamanca und Santa Eulària). Der Club Náutico in Eivissa bietet Sport für Blinde und Behinderte, z. B. Kajakfahren, Segeln und Spaß am Strand.

SICHERHEIT & NOTFÄLLE

Notruf für Ambulanz, Polizei und Feuerwehr *(bombers):* T 112
Kriminalität: Auf Ibiza gibt es zwar wenig Gewalt, aber Drogen- und Beschaffungskriminalität. Hier gilt: Geld und Wertsachen gehören in den Safe, nichts im Auto liegen lassen, auch keine Jacken (Handschuhfach offen lassen), nichts in den Kofferraum legen (Sie werden unter Umständen schon beobachtet). Unterwegs besser nur wenig Bares mitnehmen. Statussymbole wie Uhren (auch Imitate) werden gerne von Profibanden geklaut, die so schnell sind, dass man kaum reagieren kann. Bargeld lieber tagsüber oder an belebten Ecken aus der Maschine ziehen.

SPORT & AKTIVITÄTEN

Informationen zu sportlichen Aktivitäten und Veranstaltungen
www.touribisport.com

Jachtcharter
Motorsport zu Wasser ist ein teures Vergnügen. Eine Motorjacht kostet ab 300 €/Tag plus Benzin und Kapitän. Kleine Boote bis 15 PS kann man ohne Führerschein chartern, allerdings ist das aufgrund des hohen Verkehrs nicht zu empfehlen und macht auch wenig Spaß. Deutschsprachige Anbieter für ›richtige‹ Boote sind Ibiza Yachting (T 971 31 53 21, www.ibizayachting.com) und Haller Experiences (T 650 97 70 81, www.hallerexperiences.com). Wenn man sich die Kosten mit Freunden teilt, kann man sich auch mal eine kleine Jacht leisten.

Kayaking & Stand-Up-Paddling
Ibiza mit eigener Muskelkraft vom Meer aus: 20 beschriebene Routen

rund um die Insel gibt es in den Tourismusbüros oder unter www.ibiza.travel (ganz unten im Downloadbereich). Besonders toll: die naturbelassene, von Land kaum begehbare Nordostküste zwischen Santa Agnès und Port de Sant Miquel.

Parasailing
Der kleine Rundflug vom Wasser aus wird vor allem an den Stränden von Santa Eulària und Sant Antoni angeboten.

Radfahren
Ibiza und Formentera verfügen über ein gut ausgebautes und beschildertes Netzwerk an Routen aller Schwierigkeitsgrade über ruhige Nebenstraßen und Wanderwege, die bis zu den entlegensten Orten der Insel führen. Ein Mountainbike ist definitiv von Vorteil. Im Tourismusbüro erhält man eine Broschüre mit Routenplänen, die mit den Schildern und Tafeln in der Natur korrespondieren. Ebenfalls im Tourismusbüro oder gleich unter www.welcometoibiza.com sind auch Karten erhältlich. Aufgrund der Sommerhitze sind die Trips in Ibizas Natur eher im Frühjahr und Herbst zu empfehlen.

Tauchen
Deutschsprachige Tauchschulen gibt es in Santa Eulària (Divestar, T 971 33 67 26, www.divestar-ibiza.com) und in der Cala Vadella (Bib Blue Ibiza, T 650 76 92 96, www.bigblueibiza.com).

Wandern
Material über Wandermöglichkeiten *(senderismo)* erhält man gratis in den Touristenbüros. Persönlich und außergewöhnlich: Auf ›Lost Tours‹ mit Toby Clarke (▶ S. 64). Wanderrouten mit Extra-Auszeichnungen kann man sich auf www.ibiza.travel anschauen und downloaden. Auf www.sanjuanibizatravel.com/rutas sind Touren hinterlegt, die gut ausgeschildert sind.

Yoga
Besonders im Norden gibt es zahlreiche professionelle Yoga Retreats. Oft beste-

hen dort auch Unterkunftsmöglichkeiten (Überblick unter www.ibizaretreats.com).

SPRACHE

Die offizielle Amtssprache auf Ibiza und Formentera ist Katalanisch (und nicht Spanisch).

STEUERN

Auf Ibiza gibt es eine Touristenabgabe in Gestalt einer Übernachtungssteuer von 0,50 bis 2 € pro Nacht und Person. Die Summe wird von den Hoteliers bei Ankunft oder Abreise der Gäste in Rechnung gestellt und ans Finanzamt abgeführt. Die genaue Höhe richtet sich nach der Art der jeweiligen Unterkunft. In der Nebensaison wird der Betrag auf die Hälfte reduziert. Kinder und Jugendliche unter 16 Jahren sind von der Abgabe befreit.

ÜBERNACHTEN

Hotels und Agroturismos sind in der Regel die teuersten Möglichkeiten, auf Ibiza zu übernachten, Hostals und Fincas die preiswerteren. Der Trick: Fincas sind besonders authentisch, meist auf dem Land, oft sogar mit Pool ausgestattet und zahlen sich bei Gruppenurlauben aus – dann kosten die Landhäuser mit drei bis vier Schlafzimmern schon mal um 150 €/Nacht. Such- und Buchungsportale sind z. B. www.onevillasibiza.de, www.fewo-direkt.de, www.ibiza-selected.com oder www.ibizaruralvillas.com (alle auf Deutsch).

ÜBERNACHTUNGSPREISE

€	unter 100 Euro
€€	100 bis 220 Euro
€€€	über 220 Euro

Preise für ein Doppelzimmer mit Frühstück

VERKEHRSMITTEL

Fähren
Wer nach Formentera reist, verfährt nicht unbedingt nach Fahrplan. Die meisten Flugreisenden schauen an Ort und Stelle, welche Fähre als nächstes ablegt. In der Saison bieten die Fährdienste einen kostenlosen Shuttle mit der Buslinie 10 in den Hafen (alle 15 Min., Dauer 15–25 Min.). Faustregel: Man ist in etwa 90 Min. nach der Landung am Fährenleger. Baleària verkehrt in der Saison auch auf direktem Weg zwischen Dénia auf dem spanischen Festland und Formentera (57 € pro Fahrt) sowie Valencia und Sant Antoni (50 € pro Fahrt). Tipp: Die Tickets erst dort kaufen, bevor man eine bestimmte Fähre vielleicht verpasst. Infos, Abfahrtszeiten, Preise und Buchungen direkt bei den Fährunternehmen: www.balearia.com/de, www.trasmediterranea.es. Es gibt auch Suchportale, die einen direkten Preisvergleich ermöglichen: www.directferries.de, www.aferry.de, www.proximoferry.com.

Mietwagen und Zweiräder
Die bekannten Autovermieter von Avis über Europcar, Hertz und Sixt findet man auf Ibiza am Flughafen (► S. 108) und in der Saison auch in Ballungsgebieten wie Sant Antoni, Santa Eulària oder Cala Vadella. Auf Formentera herrscht im Hafen von La Savina nahezu ein Überangebot an zu mietenden Autos und Zweirädern (► S. 98). Auch die lokalen Anbieter sind grundsätzlich seriös.
Einen Wagen anzumieten, ist ab 21 Jahren möglich, ein bis zwei Jahre Fahrerfahrung sind erwünscht. Eine Vollkaskoversicherung ist empfehlenswert, sonst kann die Abwicklung bei einem Unfall langwierig und teuer werden. Außerdem lohnt es sich, von zu Hause aus die Preise im Internet zu vergleichen und zu buchen, nach der Landung kann man dann direkt den gebuchten Wagen abholen.
Die **Promillegrenze** liegt auf Ibiza bei 0,5. Es besteht eine generelle **Anschnall- und Helmpflicht.** Achtung,

es wird in der Saison viel kontrolliert!
Die **Höchstgeschwindigkeit** für
den Autoverkehr beträgt 80 km/h auf
Landstraßen und 50 km/h innerhalb von
Ortschaften.
Mietwagenvermittler
www.billiger-mietwagen.de
www.mietwagenmarkt.de
www.check24.de

Günstige Vermieter vor Ort sind
beispielsweise Moto Bahia (T 971 34 50
78, www.motobahia.com, ab 40 €/Tag,
bringt den Wagen auch zum Flughafen)
oder Moto Luis (T 971 34 05 21, www.
motoluis.de).

Taxis
Taxis sind eher in den größeren Städten
auf kurze Distanzen anzutreffen, bei
Landpartien sollte man versuchen,
vorher einen Preis auszuhandeln. Der
Grundpreis beträgt 3,25 € (bei telefo-
nischer Bestellung 4,45 €), die Fahrt-
kosten betragen 0,98 €/km von 7 bis
21 Uhr, 1,20 € von 21 bis 7 Uhr sowie
an Sonn- und Feiertagen. Die Preise va-
riieren je nach Tageszeit, vom Taxistand
aus (etwa 5 € Grundgebühr hinzurech-
nen): Flughafen–Ibiza-Stadt 20–25 €,
Flughafen–Playa d'en Bossa 15–20 €,
Flughafen–San Antonio 30–40 €.

Busse
Unter www.ibizabus.com finden Sie
alle Busverbindungen der Insel mit
den aktuellen Fahrplänen. Im Sommer
fahren Busse häufiger als im Winter,
wenn manche Busse nur zweimal
täglich eingesetzt werden. Im Sommer
bestehen auch Shuttle-Verbindungen
zu den größeren Strandbuchten wie
Cala Comte oder Cala Bassa (▶ S.
49). In der Regel ist es mühsam,
sich mit dem Bus durchzuschlagen.
Fahrräder werden grundsätzlich nicht
mitgenommen.
Nachteulen können den Wagen stehen
lassen und den **Discobus** (www.
discobusibiza.com) nutzen, der in der
Saison die großen Diskotheken mit den
Urlaubsmetropolen verbindet: Eivissa
(Avinguda Isidoro Macabich), Santa

Eulària (Avinguda Dr. Gotarredona),
Sant Antoni (Passeig de la Mar), Port
d'es Torrent sowie die Ansiedlungen
Platja d'en Bossa, Es Canyar und Cap
Martinet.

NACHHALTIG REISEN – DER UMWELT ZULIEBE

Die Umwelt schützen, die lokale
Wirtschaft fördern, intensive Begeg-
nungen ermöglichen, voneinander
lernen – nachhaltiger Tourismus
übernimmt Verantwortung für Umwelt und Gesellschaft. Auf Ibiza und
Formentera bleiben Sie möglichst immer auf Pfaden und Wanderwegen,
halten Sie Rastplätze sauber und
nehmen Sie Ihre Abfälle wieder mit,
gehen Sie nicht durch bewirtschafte-
te Felder und pflücken nicht fremdes
Eigentum, lassen Sie Hunde an der
Leine, zünden Sie kein Feuer an und
fahren Sie nicht mit dem Motorroller
oder Mountainbike in die Dünen.
Weitere Infos unter:
www.fairunterwegs.org: ›Fair
Reisen‹ anstatt nur ›verreisen‹ – der
schweizerische Arbeitskreis für
Tourismus und Entwicklung erklärt,
wie das geht, und gibt Infos zu
Reiseländern in der ganzen Welt.
www.forumandersreisen.de: Die
150 Reiseveranstalter des Forums
bieten ungewöhnliche Reisen
weltweit, Nachhaltigkeit wird durch
einen gemeinsamen Kriterienkata-
log gewährleistet.
www.sympathiemagazin.de:
Länderhefte mit Infos zu Alltagsle-
ben, Politik, Kultur und Wirtschaft
sowie Themenhefte zu den verschiedenen Weltregionen, zu Umwelt,
Kinderrechten und Globalisierung.
www.tourism-watch.de: viertel-
jährlicher Newsletter mit Hinter-
grundinformationen zum Tourismus
weltweit und Themenseiten zu
Kultur, Religion und Menschenrech-
ten im Tourismus

Hola, com va això?

Hallo, wie geht's?

Em dic ...

Ich heiße ...

Com es diu, vostè?

Wie heißen Sie?

Com et dius?

Wie heißt du?

Diga me.

Sag schon.

TE QUIERO!

Ich liebe Dich!

sí/no

ja/nein

(Esta noche) Todo es possible en Domingo ...

(Heute nacht) Sonntags ist alles möglich ...

Porque te vas?

Warum gehst du schon?

Cojons!

Verdammt!

Perdoni.

Entschuldigen Sie bitte.

Register

Register

Das Klima im Blick

Reisen bereichert und verbindet Menschen und Kulturen. Wer reist, erzeugt auch CO_2. Der Flugverkehr trägt mit bis zu 10 % zur globalen Erwärmung bei. Wer das Klima schützen will, sollte sich – wenn möglich – für eine schonendere Reiseform entscheiden oder die Projekte von atmosfair unterstützen. Flugpassagiere spenden einen kilometerabhängigen Beitrag für die von ihnen verursachten Emissionen und finanzieren damit Projekte in Entwicklungsländern, die dort den Ausstoß von Klimagasen verringern helfen (www.atmosfair.de). Auch die Mitarbeiter des DuMont Reiseverlags fliegen mit atmosfair!

3., aktualisierte Auflage 2023
© DuMont Reiseverlag, Ostfildern
Alle Rechte vorbehalten
Autoren: Patrick Krause, Marcel Brunnthaler
Redaktion/Lektorat: Sebastian Schaffmeister
Bildredaktion: Stefan L. Scholtz
Grafisches Konzept: Eggers+Diaper, Potsdam
Printed in Poland

FSC
www.fsc.org
MIX
Papier | Fördert gute Waldnutzung
FSC® C018236

Kennen Sie die?

Nico Rosberg
Der Formel-I-Weltmeister von 2016 baut auf seiner Finca Bio-Obst an, das in der Eisdiele seiner Frau Vivian (Vivi's Creamery) zu köstlichem Eis verarbeitet wird.

Pepe Roselló
Mit dem elf Mal zum besten Club der Welt gekürten Space hat sich der Ibizenker unsterblich gemacht. 2022 eröffnete er das Space Eat & Dance am Sunset Strip.

Chris Dews
Der Engländer zählt zu Ibizas Pionieren im Bereich Nachhaltigkeit. 1993 eröffnete er bei San Josep das ökologische und komplett autarke Modellzentrum Casita Verde.

Raoul Hausmann
Der österreichische Dadaist und Schriftsteller ließ sich von Ibizas Kubenarchitektur berauschen und hielt damit gegenüber den Bauhaus-Pionieren nicht hinterm Berg.

Walter Benjamin
Der bei den Dorfbewohnern beliebte *filosofo Aléman* lebte zweimal in Sant Antoni im Exil und verliebte sich bei der Gelegenheit in eine niederländische Künstlerin.

Abel Matutes
Der ehemalige Außenminister Spaniens ist ein Lokalmatador auf Ibiza, der Diskotheken (Privilege) und Immobilien besitzt und öfter durch Skandale aufgefallen ist.

Mike Oldfield
Der britische Instrumental-Popmusiker hat hier eine Ferienvilla und widmete das Cover seines Album »Voyager« dem Meeresfelsen Es Vedrà.

Tanit
Die punische Fruchtbarkeitsgöttin machte sich bei den Karthagern um fruchtbare Ernten und Nachwuchs verdient und wird auf Ibiza bis heute verehrt.

Kolumbus
Der Legende nach wurde der Entdecker des amerikanischen Kontinents auf Ibiza geboren – deswegen gibt es in Sant Antoni ein Denkmal (Bild) und in Eivissa ein Archiv.